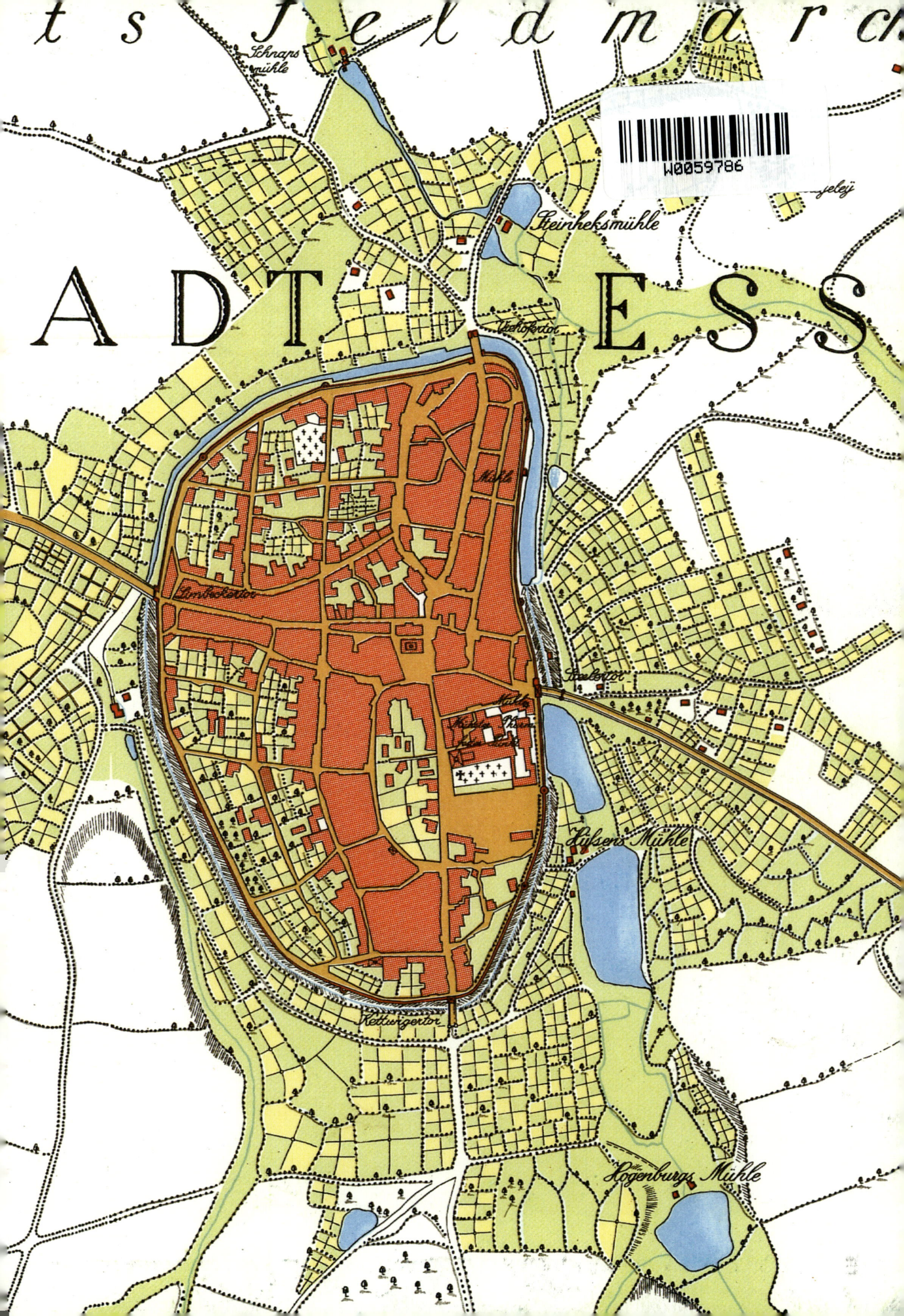

ts feldmarch

A D T E S S

Schnaps
mühle

Steinheksmühle

Veehoferdor

Mühl

Lunbekator

Praletor

Kath

Lüsens Mühle

Rettungertor

Logenburgs Mühle

KATRIN MARTENS

Essen *für dich*

Kinder entdecken ihre Stadt

KLARTEXT

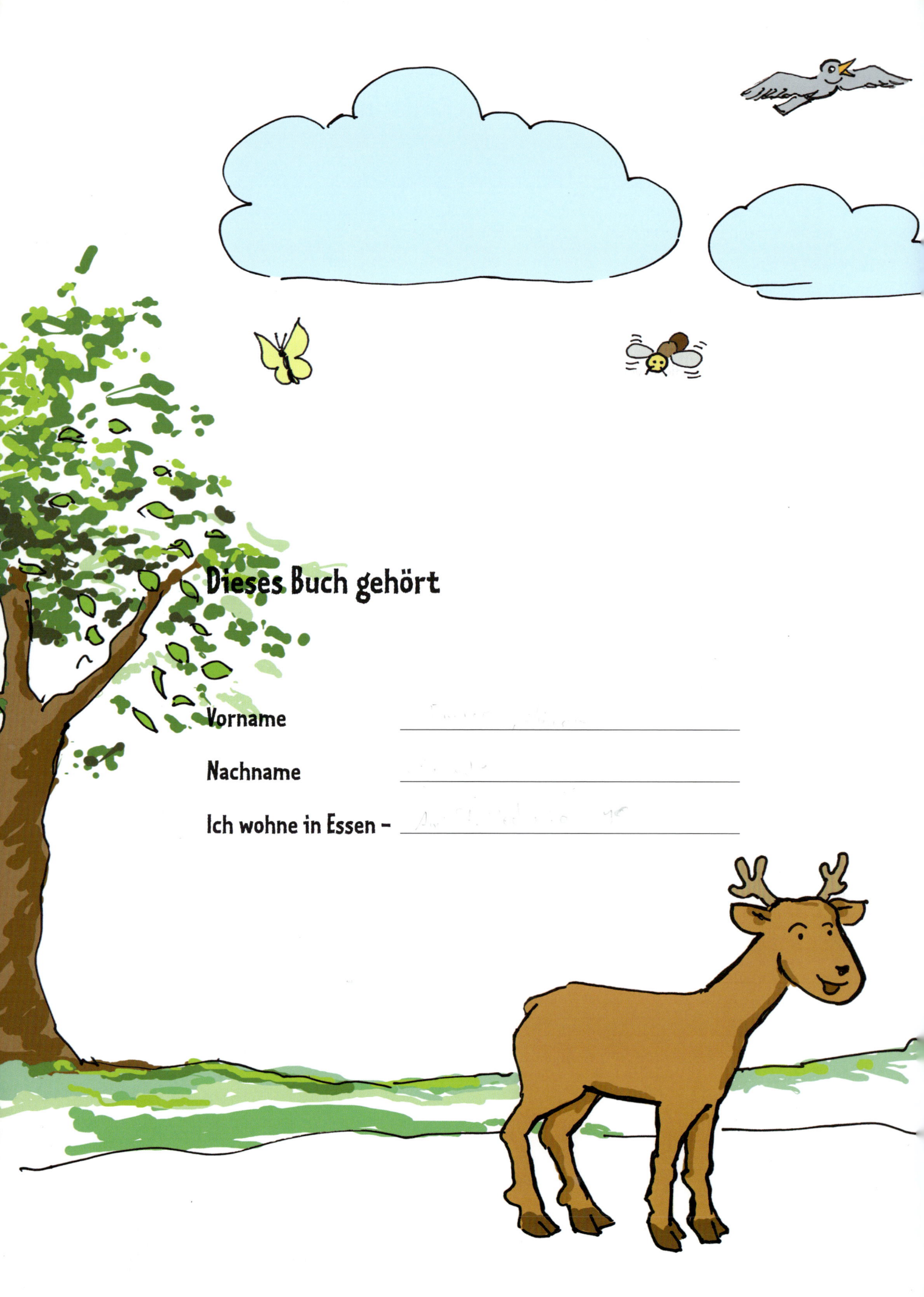

Dieses Buch gehört

Vorname

Nachname

Ich wohne in Essen –

Hallo,

ich heiße Max und wohne in Essen. Ich mag Kinder sehr und freue mich, dass du dieses Buch in der Hand hältst. Weil ich immer viel unterwegs bin, kenne ich fast jeden Stein in meiner Stadt. Du glaubst gar nicht, wie viele tolle Geschichten es über Essen zu erzählen gibt! In diesem Buch habe ich sie für dich aufgeschrieben.

Mit dem Buch „Essen für dich" will ich dir helfen, deine Heimatstadt besser kennenzulernen. Denn Essen hat eine spannende Vergangenheit. Dort, wo du heute wohnst, spielst oder zur Schule gehst, grasten vor langer, langer Zeit noch Mammuts und Rentiere. Später lebten hier Bauern und reiche Frauen, die zu Gott beteten. Es gab Kriege und Seuchen, viele Jahrhunderte später dann Zechen und riesige Fabriken. Überall hat die Vergangenheit Spuren hinterlassen – an Gebäuden, auf Plätzen, in Straßennamen. Wenn du Detektiv spielst, kannst du diese Spuren entdecken. Hast du Lust dazu?

Heute ist Essen eine moderne Stadt, in der viele Menschen arbeiten. Ein Teil von ihnen sorgt Tag für Tag dafür, dass wir alle hier gut leben können. Aber wie organisiert man eigentlich alles in einer so großen Stadt? Auch das will ich dir in „Essen für dich" erklären.

Du kannst dieses Buch in der Schule oder zu Hause lesen. Vielleicht interessiert dich ja ein Kapitel in der Mitte oder am Ende des Buches ganz besonders. Dann beginn einfach dort! „Essen für dich" ist kein Buch, das du von vorne nach hinten lesen musst. Richtig interessant wird es, wenn du mit deiner Schulklasse verschiedene Kapitel bearbeitest und ihr ständig im Gespräch darüber bleibt.

Wenn du ein Kapitel gelesen hast, unterhalte dich doch mal mit Mama, Papa, Oma, Opa, Tante oder Onkel über den Inhalt. Vielleicht triffst du auch noch auf andere Leute, die etwas erzählen oder erklären können – zum Beispiel ältere Menschen. Sie wissen viele Geschichten von früher und freuen sich, wenn du sie besuchst.

Im Internet unter der Adresse www.essenfuerdich.de kannst du weitere Informationen über Essen entdecken. Hier hast du auch die Möglichkeit, Spiele zu spielen und mir zu schreiben. Vielleicht findest du mit deiner Klasse ja etwas Besonderes heraus, das alle wissen sollten. Außerdem gibt es – passend zum Buch – einen großen, bunten Kinderstadtplan der Stadt Essen.

Ich wünsche dir viel Spaß beim Lesen und viele schöne Erlebnisse in Essen. Du wirst sehen: Es lohnt sich!

Dein Max

„Schreib mir an: max@essenfuerdich.de."

Wie es in Essen früher war

Wie es in Essen heute ist

Ein paar Extras zum Schluss

Wie es in Essen früher war

Die Vorgeschichte Essens

„Es war einmal vor langer, langer Zeit…"

Vor vielen Tausenden von Jahren lebten schon Menschen hier in der Gegend. Damals gab es noch keine Städte. Die Menschen lebten in kleinen Gruppen zusammen, schliefen mal hier, mal dort in Laubhütten oder Zelten und waren ständig auf der Suche nach Nahrung. Die Männer jagten zum Beispiel Mammuts, Wollnashörner, Wildpferde oder Höhlenlöwen. Dazu benutzten sie Steine, Speere und Pfeile. Die Frauen sammelten Beeren, Pilze oder Kräuter.

Woher wir das alles wissen? Manches von dem, was Menschen vor langer Zeit benutzt haben, liegt heute immer noch in der Erde. Wenn der Boden ausgebaggert wird, zum Beispiel, weil in Essen ein neues Haus gebaut werden soll, finden Experten oft solche alten Gegenstände. Diese Experten heißen Archäologen. Sie untersuchen, wie alt die Fundstücke sind und wofür die Menschen sie früher benutzt haben.

In Essen haben die Archäologen schon viele spannende Entdeckungen gemacht. Im Stadtteil Vogelheim fand man zum Beispiel eine Klinge aus Feuerstein und den Fußknochen eines Höhlenlöwen, die beide etwa 250.000 Jahre alt sind. Also ur-ur-alt. Was die Jäger erlegt hatten, kochten sie über einem Feuer und aßen es dann. Das restliche Fleisch nahmen sie als Vorrat mit in ihr Lager.

Irgendwann fingen die Menschen an, dauerhaft an einem Ort zu leben. Sie bauten Getreide an und züchteten Tiere, zum Beispiel Urrinder, Schafe oder Ziegen. Nun waren sie keine Jäger und Sammler mehr, sondern **Bauern**, die in Häusern wohnten. Aus dieser Zeit fanden Archäologen in Essen Gräber mit Äxten und Beilen. Damit fällten die Menschen zum Beispiel Bäume, um aus der frei werdenden Fläche einen Acker zu machen. Für ihre Werk-

Wusstest du…

…dass es in Essen ein Museum gibt, das all die alten Fundstücke zeigt? Das ist das Ruhr Museum. Dort kannst du dir zum Beispiel die Steinspitzen ansehen, die die Menschen früher mit Birkenpech an Holz oder Knochen geklebt haben, um so Werkzeuge herzustellen. Birkenpech ist eine klebrige Masse, die aus Birkenrinde hergestellt wurde.

zeuge benutzten sie im Laufe der Zeit keine Steine mehr, sondern Metall: Kupfer, Bronze oder Eisen. Dort, wo mehrere Häuser dicht nebeneinander gebaut wurden, entstand eine Siedlung. Die Reste von solchen Siedlungen hat man in vielen Essener Stadtteilen, darunter in Fulerum, Burgaltendorf und Heisingen, ausgegraben: Pfostenlöcher, Gräben und viele Scherben von Krügen, Töpfen und Schalen.

Hier bei uns lebten die Brukterer, die Marser und die Chattuarier. Um gegen andere Völker Kriege zu führen und Beute zu machen, schlossen sich die Germanen zum Stammesverband der **Franken** zusammen. Die Franken waren „die Mutigen". Später nannten sie sich auch „die Freien". Das Frankenreich wurde ein wichtiges Königreich.

Diese Klinge aus Feuerstein und den Fußknochen eines Löwen fanden Archäologen in Vogelheim

Wusstest du...

…dass man alles, was in der Vergangenheit geschehen ist, in eine Zeit vor Christus (abgekürzt: v. Chr.) und eine Zeit nach Christus (n. Chr.) einteilt? Jesus Christus wurde im Jahr 1 geboren. Die Zeitangabe „im 4. Jahrhundert n. Chr." meint die Jahre 301 bis 400 nach Christus.

Das Gebiet der heutigen Stadt Essen war vor etwa 2000 Jahren das Land der **Germanen**. Es gab viele verschiedene Germanenstämme.

Dort, wo früher Siedlungen waren, blieben Scherben von Töpfen und Schalen zurück

9

Nun könntest du fragen: „Was spielt das für die Gegend rund um Essen für eine Rolle?" Tja, die Franken hatten nicht nur Freunde, sondern auch Gegner, zum Beispiel die Sachsen. Genau bei uns grenzten die Gebiete der Franken und Sachsen aneinander. Es kam oft zu Kämpfen und Raubzügen. Die Menschen hier bauten **Burgen**, um sich gegen die Feinde verteidigen zu können. Eine dieser Burgen stand dort, wo heute in der Innenstadt der Burgplatz liegt. Im Stadtteil Werden gab es die Alteburg und die Herrenburg. Erst als der fränkische **König Karl der Große** im 8. Jahrhundert n. Chr. die Sachsen besiegte, wurden die Zeiten friedlicher.

Karl der Große war **Christ**. Er glaubte an Jesus Christus und seine Lehre von Gott. Er wollte, dass alle Menschen, die in seinem Reich lebten, ebenfalls Christen wurden. Obwohl sie an ihren eigenen Gott, Wotan, glaubten, mussten die Sachsen sich taufen lassen. Darüber waren sie sehr böse. Viele hassten die Christen.

Missionare versuchten, das zu ändern. Sie zogen durchs Land, erzählten den Menschen Geschichten von Jesus und beteten mit ihnen. Auch ein Priester namens **Liudger** (lateinisch: Ludgerus) war ein solcher Missionar.

Er hatte eine gute Idee: Im Jahr 799 kam er nach **Werden**, um hier am Ufer der Ruhr ein Kloster zu gründen. Drumherum ließen sich Handwerker

Diese Ludgerus-Statue steht in Werden auf einem Brunnen

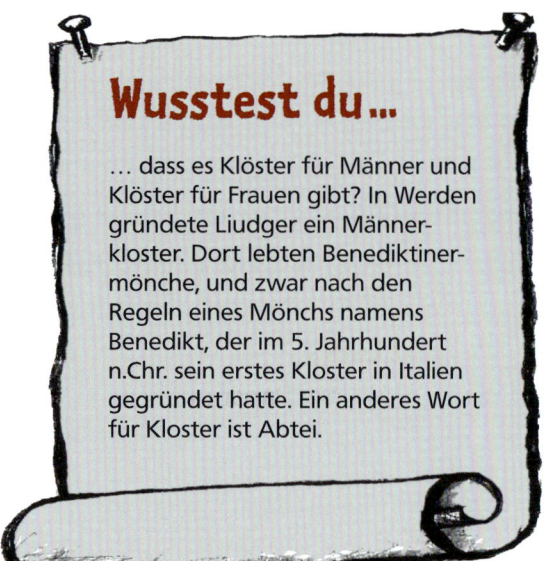

Wusstest du...

… dass es Klöster für Männer und Klöster für Frauen gibt? In Werden gründete Liudger ein Männerkloster. Dort lebten Benediktinermönche, und zwar nach den Regeln eines Mönchs namens Benedikt, der im 5. Jahrhundert n.Chr. sein erstes Kloster in Italien gegründet hatte. Ein anderes Wort für Kloster ist Abtei.

nieder, es gab ein Krankenhaus, Ärzte und eine Küche, in der Arme etwas zu essen bekamen. So wollte Liudger auf friedliche Weise dafür sorgen, dass die Sachsen das Christentum gut fanden. Und weißt du was? Sein Plan hatte Erfolg. Schon 50 Jahre später war das Kloster bereits zu klein, und es musste ein neues gebaut werden.

Essens einzige Basilika

Für sein Kloster hatte Liudger außerdem gleich am Anfang eine Kirche bauen lassen: die **Abteikirche**. Liudger, der auch Bischof von Münster war, wurde nach seinem Tod hier begraben. Später baute man eine neue, größere Kirche, die immer wieder verändert und verschönert wurde.

Noch heute steht die eindrucksvolle Kirche mitten in Werden, und noch immer liegen hier auch die Knochen des Klostergründers Liudger in einem ganz besonderen Schrein. An jedem ersten Sonntag im September werden die Gebeine (die Knochen) des Heiligen Liudger in ihrem berühmten Bronzeschrein durch Wer-

den getragen. Das musst du dir mal ansehen! Oder wirf einen Blick in die Schatzkammer der Kirche. Hier hängt zum Beispiel ein etwa 1000 Jahre altes Kreuz, das berühmte Helmstedter Kreuz.

Die Kirche **Sankt Ludgerus** ist die einzige Kirche in Essen, die vom Papst den Ehrentitel Basilika bekommen hat. Das Benediktinerkloster gibt es schon lange nicht mehr. In dem Gebäude studieren heute die Studenten der **Folkwang Universität**.

Die Basilika Sankt Ludgerus in Werden

Rate mal!

Was ist ein Schrein?

a) ein kleiner Karton,
b) ein wertvoller Kasten
c) ein hoher Schrank

Lösung: Antwort b). Ein Schrein ist ein kostbarer Kasten, oft mit Gold und Edelsteinen verziert, in dem die Knochen eines bedeutenden Menschen aufbewahrt werden.

Stadtansicht von Werden aus dem Jahr 1581

Mächtige Frauen und goldene Schätze

Du wirst es vielleicht nicht glauben, aber Essen ist eine sehr alte Stadt. Das merkt man nicht sofort, weil Essen so modern aussieht. Es gibt viele breite Straßen und Autobahnen, unter der Erde fahren U-Bahnen, die Stadt ist voller hoher Häuser und selbst beim Waldspaziergang hört man oft ein Flugzeug über den Köpfen. Trotzdem: Essen ist schon über 1150 Jahre alt. Bist du neugierig? Dann lass uns zum **Burgplatz** gehen. An diesem Platz in der Innenstadt hat nämlich alles angefangen…

Ein Bischof mit Namen **Altfrid** gilt zusammen mit seiner Schwester Gerswid als Gründer dieser Frauengemeinschaft. Seine Familie besaß ungefähr dort, wo heute der Dom steht, einen Bauernhof und etwas Land. Häuser gab es hier damals kaum, nur Wälder, Wiesen und Sümpfe. Altfrids Besitz hieß **Astnide**. Aus diesem Wort entstand später der Name Essen.

Altfrid war Bischof von Hildesheim. Seine Schwester **Gerswid** wurde die erste Äbtissin des Frauenstifts – also die Chefin der Frauengemeinschaft. Die Äbtissin blieb unverheiratet. Die Frauen, die mit ihr zusammenlebten, konnten dagegen jederzeit wieder gehen und heiraten. Sie hießen **Stiftsdamen**.

Das Altfrid-Denkmal neben dem Dom

Der Dom am Burgplatz

Am Burgplatz steht der **Dom**. Manche sagen auch: die Münsterkirche. Diese Kirche erinnert daran, dass in Essen jahrhundertelang Frauen das Sagen gehabt haben. Etwa seit dem Jahr 852 lebten hier adelige Frauen und Mädchen in einer Gemeinschaft zusammen. In diesem **Frauenstift** wurden junge Mädchen christlich erzogen.

Wusstest du…

… dass es nicht ganz klar ist, in welchem Jahr das Frauenstift gegründet worden ist? Das liegt daran, dass es einmal einen großen Brand im Stift gegeben hat. Das war im Jahr 946. Damals sind viele wichtige Urkunden verbrannt. Es gibt zwar eine Urkunde, auf der die Gründung des Frauenstifts beschrieben wird, doch Forscher haben herausgefunden, dass sie gefälscht ist.

1100 | 1200 | 1300 | 1400 | 1500 | 1600 | 1700 | 1800 | 1900 | 2000 | 2010

Du bist dran!

Cosmas und Damian stammten aus Syrien. Sie arbeiteten im 3. Jahrhundert n. Chr. als Ärzte und heilten viele Menschen, ohne dafür Geld zu verlangen. Weil sie Christen waren, wurden sie verfolgt und getötet. Seitdem werden sie als Heilige verehrt. Die früheren Stiftspatrone sind die Stadtpatrone der Stadt Essen. Schau dir mal ihre Steinfiguren am Essener Rathaus an!

Cosmas und Damian am Rathaus

Das Essener Frauenstift war sehr reich. Das kam daher, dass die Frauen, die darin lebten, aus reichen, einflussreichen Familien kamen. Diese adeligen Familien besaßen sehr viel Land mit Bauernhöfen. Sie waren mit Königen und Kaisern verwandt. So kam es, dass das Frauenstift in den ersten 200 Jahren nach seiner Gründung sehr viele **Bauernhöfe** geschenkt bekam. Um das Jahr 1150 herum besaß das Stift etwa 3000 Höfe. Was für eine große Zahl! Die Höfe lagen nicht alle in der Nähe des Frauenstifts, viele waren sehr weit entfernt. Wichtige nahgelegene Höfe waren der Viehof, der Hof Eickenscheidt und der Hof Borbeck.

Bereits nach kurzer Zeit hatte das Stift schon 71 Mitglieder. Die Frauen besaßen Namen, die heute keiner mehr kennt, zum Beispiel Frithuwif, Athallind oder Irminburg. Als Stiftspatrone wählte Altfrid die Gottesmutter Maria und zwei berühmte Ärzte: **Cosmas und Damian**. Patrone sind Beschützer. Sie sollten das Stift vor Unheil bewahren.

Für das Stift ließ Altfrid eine Kirche bauen. So etwas dauerte damals sehr lange. Die Münsterkirche war erst im Jahr 870 fertig. Bis dahin beteten die Stiftsdamen in der Kapelle Sankt Quintin. An sie erinnert heute noch eine kleine Straße am Dom. Die große Kirche, die Altfrid bauen ließ, blieb leider nicht lange stehen: Im Jahr 946 brannte sie ab und wurde danach in einem anderen Stil wiederaufgebaut.

Wusstest du...

... dass viele Essener Straßennamen an die alten Bauernhöfe erinnern? So gibt es zum Beispiel die Viehofer Straße und die Eickenscheidter Fuhr. Das Benediktinerkloster in Werden besaß die Höfe Viehausen und Barkhoven. Heute heißen die Straßen Viehauser Berg und Barkhovenallee.

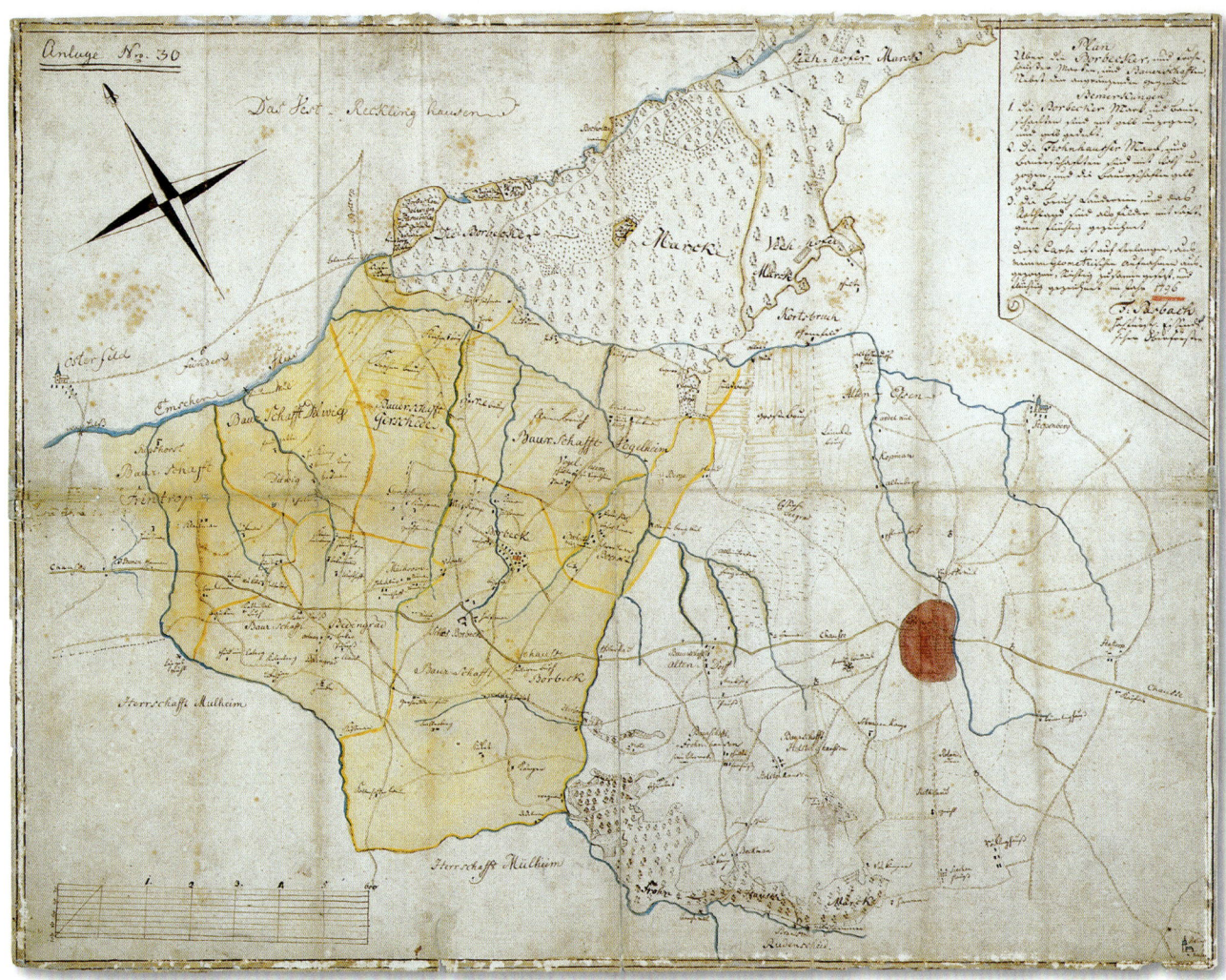

Das Frauenstift besaß viele Bauernhöfe rund um Essen

Damals, im Mittelalter, gab es die Grundherrschaft. Das bedeutete, die Bauern, die auf den Höfen des Frauenstifts lebten, waren die Untertanen der Äbtissin und ihrer Stiftsdamen. Die Bauern mussten einen Teil von dem, was sie produziert hatten, an das Stift abgeben, zum Beispiel Getreide wie Roggen und Malz, Vieh (Schweine, Schafe, Hühner), Fisch, Eier, Käse oder Butter.

Weil das Frauenstift viele Höfe besaß, gab es hier immer viel zu essen, vor allem Fleischgerichte. Das war ein echter Luxus zu jener Zeit, denn die einfachen Menschen lebten damals fast nur von Brot, Brei und Suppe. Die Bauern, die sehr weit entfernt lebten (etwa in Holland oder im Münsterland), mussten später dem Frauenstift statt der Abgaben Geld zahlen.

Zwei Äbtissinnen waren ganz besonders wichtig für das Frauenstift. Sie hießen **Mathilde** und **Theophanu**. Mathilde war die Enkelin des deutschen Kaisers Otto I. (sprich: des Ersten) und Theophanu die Enkelin von Otto II. (dem Zweiten). Weil sie viel Geld hatten, schenkten sie dem Frauenstift viele wertvolle Kunstwerke. Das taten sie in der Hoffnung, dass nach ihrem Tod für sie gebetet würde. Es waren die ersten bedeutenden Stücke des Domschatzes, den du heute noch bewundern kannst.

Du bist dran!

Im Dom und in der Domschatzkammer kannst du viele Schätze aus dem Mittelalter entdecken. Komm vorbei und schau sie dir an! Es gibt auch Kinderführungen. Muxx, die Dom-Maus, hilft dir bei deiner Entdeckungsreise durch die große Kirche. Und Schulklassen dürfen schreiben wie die Stiftsfrauen damals – mit Gänsefeder und Tinte.

Was ist denn nun das Besondere am Essener Domschatz?

1. Da ist zum Beispiel die **Goldene Madonna**. Sie hat einen Kern aus Pappelholz, der mit millimeterdünnem Gold verkleidet ist. Die Figur zeigt Maria mit dem Jesuskind auf dem Schoß. Die Mutter hält ihrem Sohn eine Weltkugel entgegen. Nirgendwo auf der Erde gibt es eine Marienfigur, die älter ist.

2. Auch eine berühmte kleine **Krone** ist im Domschatz zu sehen. Forscher dachten lange, es sei die Krone, die König Otto III. (der Dritte) im Jahr 983 als Dreijähriger bei seiner Krönung aufgesetzt bekam. Das kann aber nicht sein, weil die Krone gar nicht aus dieser Zeit stammt. Sie wurde jahrhundertelang am Fest Mariä Lichtmess (2. Februar) der Goldenen Madonna aufgesetzt.

3. Mathilde, die im Jahr 1011 starb, schenkte dem Stift den riesigen, siebenarmigen **Leuchter**, der noch heute im Mittelgang des Doms steht. Er ist 2,26 Meter hoch!

4. Außerdem gab Mathilde Goldschmieden den Auftrag, zwei ganz besonders kostbare Kreuze anzufertigen. Die Kreuze nennt man **Vortragekreuze**, weil sie bei Prozessionen vorangetragen wurden. Dass Mathilde diese Kreuze bestellt und bezahlt hat, sieht man daran, dass die Äbtissin auf einer kleinen Tafel im Kreuz abgebildet ist.

5. Zum Domschatz zählt auch ein edles, mit Gold und Edelsteinen verziertes **Schwert**. Es ist fast einen Meter lang. Eine Legende erzählt, mit genau diesem Schwert seien die Stadtpatrone Cosmas und Damian geköpft worden, aber das kann nicht stimmen. Das Schwert ist rund 1000 Jahre alt, Cosmas und Damian lebten aber vor 1700 Jahren.

6. Äbtissin Theophanu hat in den Jahren 1039 bis 1058 dafür gesorgt, dass die Schatzkammer noch wertvoller wurde. Auch sie gab zwei besondere Vortragekreuze in Auftrag. Außerdem ließ sie ein Buch mit den vier Evangelien von Matthäus, Markus, Lukas und Johannes (ein **Evangeliar**) per Hand schreiben und gab ihm einen **Buchdeckel aus Elfenbein und Gold**. Elefanten-Stoßzähne sind aus Elfenbein.

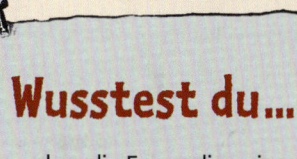

Wusstest du...

…dass die Evangelien vier wichtige Teile der Bibel sind? Sie stehen im Neuen Testament und erzählen, wie Jesus gelebt hat, was er gesagt hat und welche Wunder er vollbracht hat.

Eine **Stiftsdame** zu werden, war gar nicht so einfach. Nur wenn der Vater und die Mutter beide aus einer gräflichen Familie stammten, wurde ein Mädchen oder eine Frau aufgenommen. Mädchen mussten mindestens 14 Jahre alt sein. Im ersten Jahr hatten es die Neuen schwer: Sie mussten lateinisch lesen und schreiben lernen und jeden Tag im Chor singen. So lernten sie die lateinischen Lieder und zeigten gleichzeitig, ob sie zuverlässig waren. Erst nach diesem **Probejahr** waren sie eine richtige Stiftsdame.

Wie lebten denn nun die Essener Stiftsdamen? Nun, die Äbtissin und die Stiftsdamen wohnten ganz nah an der Münsterkirche. Die Äbtissin besaß ein eigenes Gebäude für sich und ihre Dienstboten. Neben dem Äbtissinnenhaus lagen Pferde- und Kuhställe, ein Backhaus, eine Schmiede, eine Bierbrauerei, eine Schreinerei und andere Wirtschaftsräume.

Auch die Stiftsdamen hatten Dienstboten, zum Beispiel Köche, Knechte und Mägde. Durch Kriege und Brände wurden die Kurien, aber auch das Äbtissinnenhaus mehrmals zerstört und mussten neu gebaut werden. Rund um das Stift stand eine hohe Mauer mit mehreren Toren. Der Bereich innerhalb der Mauern hieß **Burgfreiheit**.

Die wichtigste Aufgabe der Stiftsdamen war es, für die Verstorbenen zu beten. Dazu trafen sie sich mehrmals am Tag in der Münsterkirche. Noch heute gibt es im Domschatz alte Kalenderbücher, in denen an jedem Tag die Namen von gestorbenen Personen stehen. So wussten die Stiftsdamen, für wen sie beten mussten.

Die Stiftsdamen erledigten aber nicht nur Aufgaben, die mit der Kirche zu tun hatten. Sie mussten sich auch um ihre Bauernhöfe und de-

In der ersten Zeit des Frauenstifts wohnten die Stiftsdamen mit der Äbtissin noch unter einem Dach. Doch später zogen die Frauen in eigene Häuser in der Nähe der Kirche. Diese Häuser hießen **Kurien**. Sie alle hatten in der Regel mehrere Zimmer, manche auch eine Scheune, einen Pferdestall oder einen kleinen Garten. Je nachdem, wie viel Geld eine Stiftsdame oder ihre Familie besaß, waren die Häuser aus Stein oder aus Holz, komfortabel oder einfach eingerichtet.

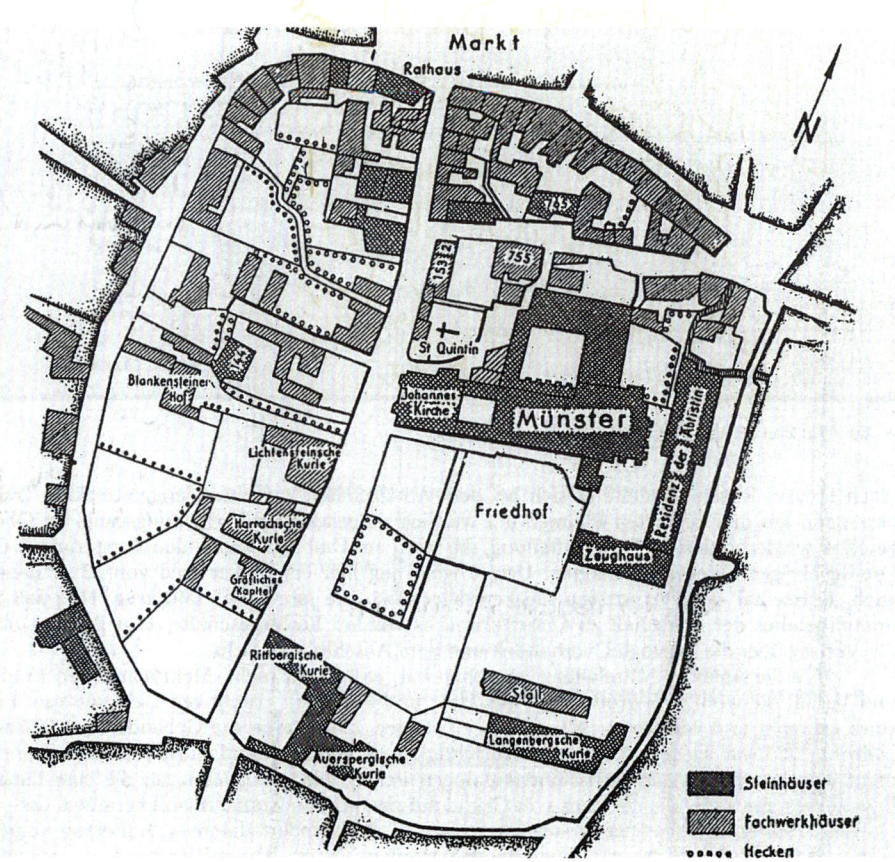

Die Burgfreiheit mit den Kurien der Stiftsdamen

ren Abgaben kümmern, ebenso um die Kurienhäuser, um ihre Angestellten und vieles mehr.

Die frommen Frauen trugen übrigens keine Ordenstracht wie Nonnen, sondern normale Kleider, allerdings aus kostbaren Stoffen wie etwa Samt oder Seide. Dies zeigte, ebenso wie der Schmuck, den sie besaßen, ihren Reichtum. Nur wenn sie in einen besonderen Gottesdienst gingen, zogen sie alle ein langes weißes Gewand (ein Chorhemd) und einen Schleier, später dann eine weiße Haube, an. Noch später kam dann ein schwarzer Mantel hinzu.

Anna Viktoria war eine Schülerin der Stiftsschule. Stiftsdame durfte man erst mit 14 werden.

Wenn sie nicht beteten oder an der Messe teilnahmen, schrieben manche Stiftsdamen vor allem im 10. und 11. Jahrhundert mit Tinte und Feder Bücher ab, zum Beispiel die Bibel. So füllten sie nach und nach eine ganze Bücherei. Damals konnten viele unter ihnen noch die lateinische Sprache, später waren die Stiftsdamen allerdings nicht mehr so gebildet. Sie

vertrieben sich die Zeit mit Gesellschaftsspielen, zum Beispiel Kartenspielen oder Billard, sie gingen spazieren oder auf die Jagd oder ritten aus. Außerdem reisten sie häufig.

Manche Frauen waren zwar Mitglied des Stifts, aber so gut wie nie in Essen. Sie lebten also ganz anders als Nonnen in einem Kloster. Für sie war es vor allem wichtig, dass sie sich als Adelige von anderen Menschen, die nicht aus einer so guten Familie kamen, abgrenzten.

Du bist dran!

Manche Äbtissinnen hatten sehr lange Namen, zum Beispiel Elisabeth von Manderscheid-Blankenheim-Gerolstein. Das „von" sagte, aus welcher adeligen Familie sie stammten. Mach dich auf die Suche nach jemandem, der ein „von" in seinem Namen trägt. Frag ihn mal, was er über seine Vorfahren weiß.

„Schau mal, was Anna Viktoria für ein feines Kleid trug!"

Wusstest du …

… dass Straßen und Denkmäler an die Essener Äbtissinnen erinnern? In der Innenstadt gibt es zum Beispiel die Gerswidastraße und in Stoppenberg die Schwanhildenhöhe und den Schwanhildenbrunnen.

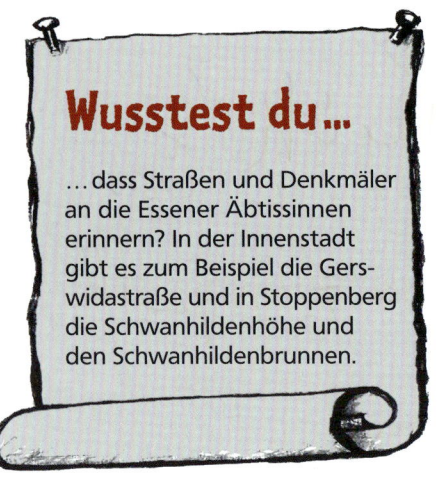

Im Frauenstift arbeiteten und wohnten immer auch Geistliche, die zum Beispiel den Gottesdienst leiteten. Zu Beginn waren es Benediktinermönche aus dem Kloster in Werden. Später, ab dem 13. Jahrhundert, gab es eine feste Gruppe von 20 Männern. Sie hießen **Kanoniker**, wählten zusammen mit den Stiftsdamen die Äbtissin und hatten viele andere Aufgaben. Sie arbeiteten zum Beispiel als Lehrer oder als Pfarrer.

Das Frauenstift blieb übrigens nicht das einzige in der Umgebung. In **Rellinghausen** lebten ebenfalls Frauen in einem Stift. Sie kamen aber aus weniger bedeutenden Adelsfamilien. Ihre Kirche Sankt Lambertus steht noch heute.

In **Stoppenberg** entwickelte sich ein Frauenstift aus einem Kloster. An diese Zeit erinnert nicht nur die Stiftskirche, die dort auf einem Berg steht, sondern auch ein Straßenname in der Nähe: Stiftsdamenwald. Für die Essener Äbtissinnen spielte außerdem das Schloss **Borbeck**, heute ein Kulturzentrum und ein Ort zum Heiraten, eine wichtige Rolle. Manche Äbtissinnen wohnten lieber hier als in der Stadt. Auch in **Steele** hatten sie eine Residenz. Sie hieß „op de Lucht".

Der Papst, aber auch der Kaiser schützten die Äbtissin und ihr Stift. Ab dem 13. Jahrhundert war jede Essener Äbtissin auch gleichzeitig Fürstin des Deutschen Reiches. Dadurch bekam sie mehr Rechte und auch mehr Macht. Sie durfte Gerichtsurteile fällen, Münzen prägen, Steuern und Zölle erheben und war dadurch so mächtig wie ein männlicher Fürst. Das war damals sehr ungewöhnlich für eine Frau.

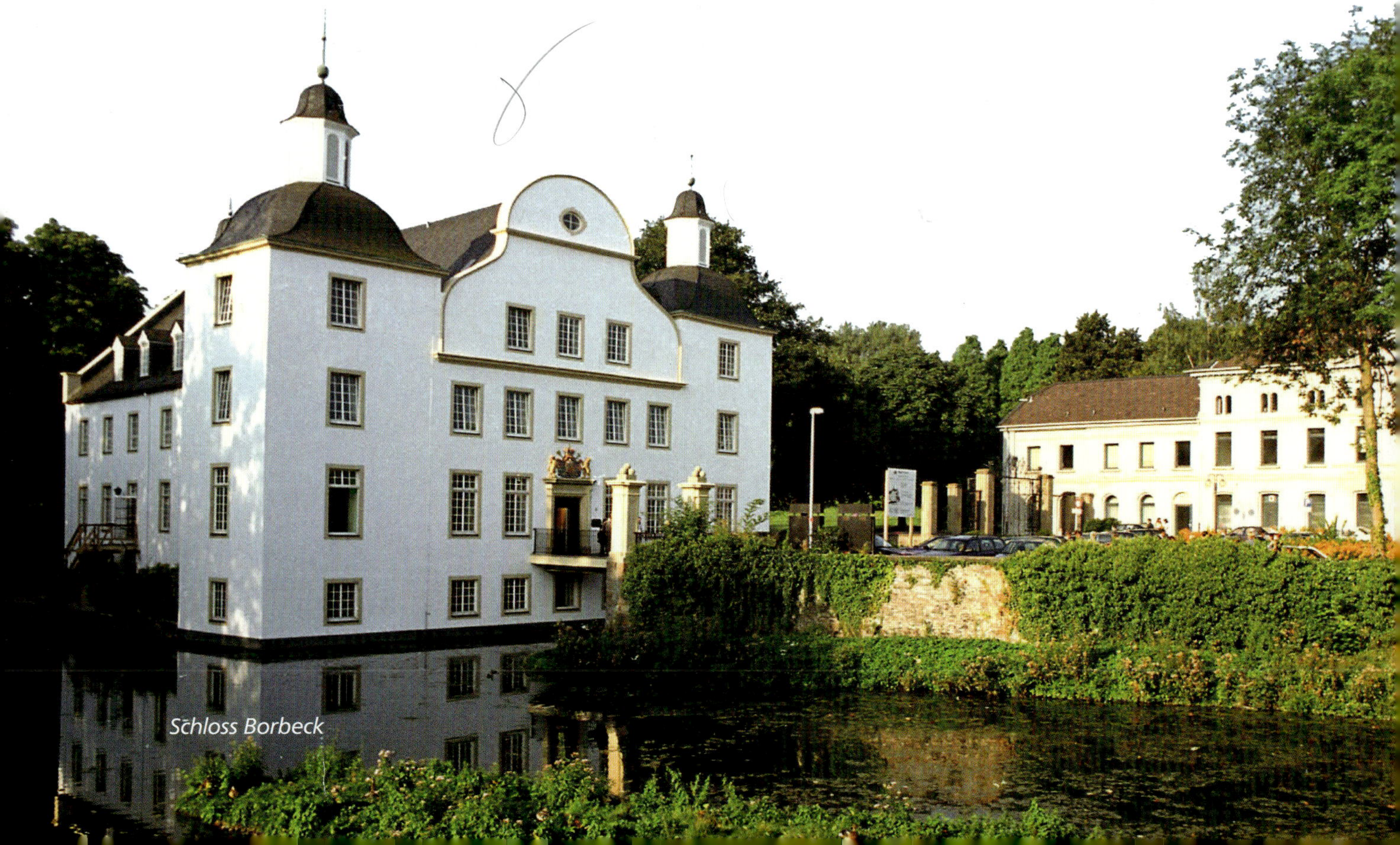

Schloss Borbeck

Äbtissin Franziska Christine

In der langen Geschichte des Frauenstifts gab es 48 Äbtissinnen. Manche waren sehr wichtig, manche weniger. Mathilde und Theophanu kennst du schon. Im 18. Jahrhundert war **Franziska Christine** eine Äbtissin, die viel Gutes getan hat. Sie gründete ein Waisenhaus für etwa 50 Kinder in Steele. Das Gebäude heißt heute Fürstin-Franziska-Christine-Stiftung und ist immer noch ein Haus für Kinder. Franziska Christine ist dort in der Kapelle begraben.

Bis zum Jahr 1802 regierten die Fürstäbtissinnen in Essen. Dann wurde das Frauenstift geschlossen. Warum? In jener Zeit gab es wieder einmal viele Kriege in Europa. In großen Teilen des heutigen Deutschlands waren die **Preußen** an der Macht. Eine Folge der Kriege war, dass die Preußen Soldaten nach Essen schickten und bestimmten, dass alle religiösen Einrichtungen aufgelöst werden sollten. Was vorher der Kirche gehörte, gehörte

Äbtissin Maria Kunigunde

jetzt dem Staat Preußen. Die letzte Äbtissin hieß **Maria Kunigunde**. Mit ihr endet die Geschichte des Essener Frauenstifts.

Der Westbau der Münsterkirche

An die fürstlichen Zeiten der Stadt Essen erinnert heute noch die Münsterkirche. Wenn du durch eins der beiden Seitentore in den Innenhof (er heißt **Paradies**) hineingehst und nach oben schaust, siehst du den **Westbau** mit einem großen Turm und zwei kleineren Türmen. Diese Seite der Kirche hat Äbtissin Mathilde vor fast 1000 Jahren bauen lassen. Zwar ist die Münsterkirche mehrmals abgebrannt, doch von den Schäden sieht man heute nichts mehr.

Nicht nur der Domschatz, auch das Grab des Stiftsgründers hat die Jahrhunderte überstanden. Im Keller, in der **Ostkrypta**, liegt Altfrid in einem Steinsarg begraben. Seit 1958 ist die Münsterkirche der Dom des Ruhrbistums. Der Essener **Bischof** wohnt gleich nebenan.

Du bist dran!

Direkt neben der Münsterkirche liegt der Kreuzgang. Es ist ein quadratischer Hof mit einem Gang rundherum. Schau dir einmal die Wände an. Dort kannst du alle Namen der Essener Äbtissinnen und Bischöfe nachlesen. Der Innenhof ist ein Friedhof. Hier sind enge Mitarbeiter der Bischöfe begraben.

Das lange Mittelalter

Vom Marktplatz zum Städtchen an der Berne

Mit dem Frauenstift Astnide hat in Essen alles angefangen. Aber eine Stadt war Essen deswegen noch lange nicht. Zunächst gab es hier am Burgplatz nur das Stift mit der Äbtissin und den Stiftsdamen. Das Stift lag an zwei wichtigen Handelsstraßen: Der **Hellweg** führte von Westen nach Osten, dort lagen Duisburg und Dortmund. Außerdem gab es einen Weg von Norden nach Süden: die Kölnische Straße von Köln nach Münster. Weil es im Stift viel zu tun gab, kamen immer mehr Handwerker auf die Idee, hier in der Nähe der Stiftsmauer zu wohnen. Auch die Dienstleute des Stifts (sie hießen **Ministerialen**) lebten hier. So entstand ein kleines Dorf.

Im Jahr 1041 passierte etwas Wichtiges: König Heinrich III. besuchte die Äbtissin Theophanu und erfüllte ihr einen Wunsch: Er erlaubte zum ersten Mal einen siebentägigen Markt auf dem Burgplatz. Was für ein Ereignis! Bauern und Kaufleute kamen von weither, um ihre Produkte zu verkaufen. Über die Handelsstraßen konnten sie Essen gut erreichen. Das Recht, einen Markt abzuhalten, lohnte sich auch für das Frauenstift, weil die Äbtissin Gebühren für die Marktstände verlangen und so Geld verdienen konnte. Bald gab es regelmäßige Märkte, zu denen Bäcker, Metzger, Schuhmacher, Sattler, Gerber, Kürschner, Schreiner, Schmiede und viele andere kamen.

Rate mal!

Was verkauften Gerber und Kürschner?

a) Äpfel und Kirschen
b) Fleisch und Eier
c) Leder und Pelze

Lösung: Antwort c). Gerber und Kürschner bearbeiteten Tierhäute und -felle und verkauften das Leder und die Pelze dann.

Irgendwann war der Burgplatz zu klein, und der Markt fand außerhalb der Stiftsmauern statt.

Der Mittelpunkt des kleinen Dorfs, das im 11. Jahrhundert rund 500 Einwohner hatte, war da, wo heute die Marktkirche steht. Damals war die Marktkirche gerade neu gebaut worden und hieß **Gertrudiskirche**. Sie war die Pfarrkirche für die Menschen, die in Essen wohnten. Vor der Kirche lag der Marktplatz. Später gab es noch weitere Märkte: den Salzmarkt, den Flachsmarkt, den Kornmarkt,

Mit dieser Urkunde gab König Heinrich III. die Erlaubnis für einen Markt

1100   1200   1300   1400   1500   1600   1700   1800   1900   2000   2010

den Pferdemarkt und den Gänsemarkt. Du kannst dir sicher vorstellen, was dort verkauft wurde, oder?

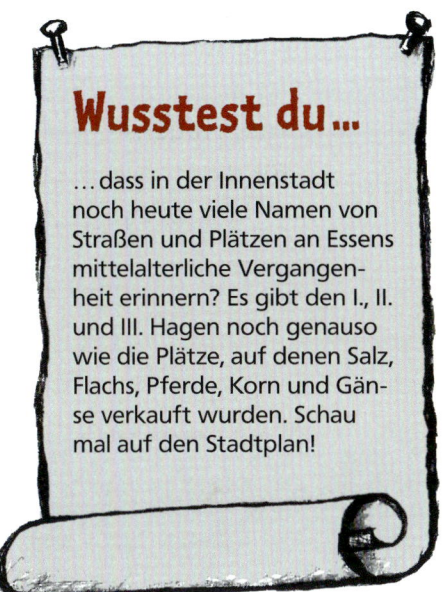

Wusstest du...

...dass in der Innenstadt noch heute viele Namen von Straßen und Plätzen an Essens mittelalterliche Vergangenheit erinnern? Es gibt den I., II. und III. Hagen noch genauso wie die Plätze, auf denen Salz, Flachs, Pferde, Korn und Gänse verkauft wurden. Schau mal auf den Stadtplan!

Die Menschen, die in den engen Gassen des Dorfes wohnten und arbeiteten, wollten sich gegen Feinde schützen. Zu diesem Zweck schütteten sie erst Wälle aus Erde an, dann pflanzten sie Hecken und später rammten sie Holzpfähle in den Boden. Diese Befestigung war der I. (sprich: erste) Hagen. Der Name kommt von „hegen" oder „einhegen". Auch einen Wassergraben legten die Menschen an. Das Wasser kam von dem Bach Limbecke, der westlich des Stifts entlangfloss. Als immer mehr Menschen herbeizogen und Häuser bauten, war die Dorfgrenze am **I. Hagen** bald erreicht. So legten die Menschen eine neue Befestigung an, den **II. Hagen**. Und später noch eine, den **III. Hagen**. Auf der Ostseite der Stadt waren keine Pfähle nötig. Hier stand die Mauer des Frauenstifts.

Der kleine Ort wuchs immer weiter. Im Jahr 1244 beschlossen die Bürger, also die Einwohner, und die Dienstleute des Frauenstifts,

die Stadt noch besser zu schützen. Sie fingen an, eine **Stadtmauer** mit Türmen und Toren zu bauen. Das dauerte jedoch sehr lange. Die Mauer war erst etwa 200 Jahre später komplett fertig. Die Bürger von Essen mussten die Mauer bezahlen und auch nachts abwechselnd Wache halten.

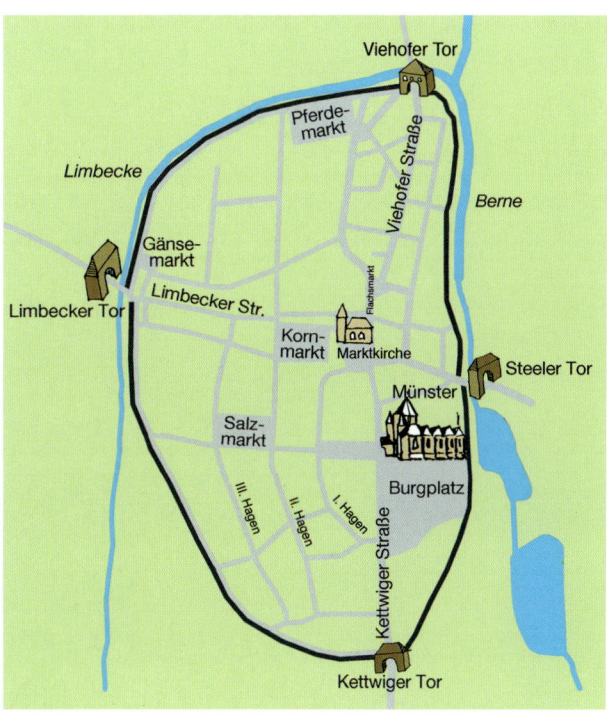

In dieser Stadtansicht von 1581 sieht man die Stadtmauer mit dem Kettwiger Tor (links), dem Steeler Tor (Mitte) und dem Viehofer Tor (rechts)

Durch vier Tore, die nachts geschlossen wurden, konnten Reisende die Stadt erreichen. Sie hießen Kettwiger Tor, Limbecker Tor, Viehofer Tor und Steeler Tor. Vier große Straßen, die an den Toren anfingen, teilten Essen in vier Teile: die **Kettwiger Straße**, die **Limbecker Straße**, die **Viehofer Straße** und die **Steeler Straße**. Diese Namen kommen dir sicher bekannt vor! Kein Wunder, die Straßen gibt es heute immer noch.

Außerhalb der Stadtmauer lagen Felder, Wiesen und Wälder. Viele Essener hatten einen Garten oder einen Acker vor den Toren der Stadt. Obwohl sie Bürger und keine Bauern waren, hielten sie Kühe oder Schweine. Hirten ließen die Tiere draußen vor der Stadt weiden.

An der Außenseite der Stadtmauer lagen mehrere Teiche, die ihr Wasser vom Fluss Berne bekamen und in denen die Menschen Fische fingen. Im Jahr 2007 fanden Archäologen dort, wo einmal der Teich vor dem Limbecker Tor gewesen war, eine etwa 1000 Jahre alte Fischreuse. An den Teichen gab es außerdem Wassermühlen, die zum Beispiel Korn mahlten.

Rund um Essen, nur einige Kilometer entfernt, lebten auch einige Menschen. Sie wohnten in eigenen, teilweise älteren Siedlungen, zum Beispiel in Altenessen, Heisingen, Steele, Werden und Fischlaken.

Schon früh hatte Essen eine künstliche Wasserleitung – die **Kaupenleitung**. Etwas südlich der Stadt gab es ein Becken, in dem das Wasser des Flusses Limbecke gesammelt wurde. Von dort floss das Wasser durch ein unterirdisches Holzrohr bergab in die Stadt. An vier sogenannten Fontänen, die wie ein Wasserhahn funktionierten, konnten die Menschen das Wasser zapfen, das sie brauchten. Auch gab es viele Brunnen.

Diese Straße findest du in der Innenstadt

Obwohl es eine Stadtmauer gab und Essen sich so von der Landbevölkerung abgrenzte, war Essen keine freie Stadt. Die Äbtissin hatte die Macht. Sie ließ zum Beispiel die Münzen prägen, mit denen alle bezahlten. Die Essener wurden immer unzufriedener darüber, dass die Äbtissin alles bestimmen durfte. Oft stritten sie sich mit den Äbtissinnen um die Macht.

Um Entscheidungen für die Stadt gemeinsam zu treffen, taten sich einige Bürger zu einem **Stadtrat** zusammen. Urkunden bekamen seit dem Jahr 1244 ein **Siegel** aus Wachs. Das ist eine Art Plakette; heute benutzt man Stempel

Das Stadtsiegel

für den gleichen Zweck. Auf diesem Siegel waren die Gottesmutter Maria und die Stiftspatrone Cosmas und Damian abgebildet. Das zeigt, wie eng die Stadt und das Frauenstift miteinander verbunden waren. Bald hatte Essen auch sein erstes **Rathaus**. Es stand gegenüber der Gertrudiskirche, also der heutigen Marktkirche. Bis ins Jahr 1964 standen alle Essener Rathäuser immer an genau dieser Stelle.

Das erste Rathaus

Essen war damals keine besonders hübsche Stadt. Die engen Gassen waren nicht sehr sauber. Elektrisches Licht gab es noch nicht, so dass es nachts im Ort stockfinster war. Kaum eine Straße war gepflastert, auf den Wegen musste man über festgetretene Erde laufen.

Die Menschen lebten in Fachwerkhäusern. Die Mauern der Häuser hatten rot gestrichene Holzbalken, den Raum dazwischen füllte man meist mit Lehm. Nur wer mehr Geld hatte, baute sein Haus aus Stein und deckte sein Dach mit Schiefer. Alle anderen Hausdächer waren nur mit Stroh bedeckt. Das war sehr gefährlich, wenn irgendwo ein **Feuer** ausbrach. Deswegen musste auch jeder Bürger der Stadt einen ledernen Feuereimer schenken. Die Eimer standen im Rathaus und wurden bei einem Brand mit Wasser gefüllt. Eine Feuerwehr gab es noch nicht.

Du bist dran!

Wie werden heute Brände bei uns in Essen gelöscht? Weißt du es? Wenn nicht, kannst du es auf Seite 92 nachlesen!

Nachts passten vier Nachtwächter und ein Mann auf dem Turm der Gertrudiskirche auf, dass es nirgends anfing zu brennen. In der Kirche hing eine Sturmglocke, die bei Gefahr geläutet wurde. Den großen Stadtbrand im Jahr 1438 konnten die Wächter trotzdem nicht verhindern. Er war so schlimm, dass die halbe Stadt zerstört wurde. Auch eine böse Krankheit sorgte dafür, dass immer wieder viele Menschen in Essen starben: die **Pest**. Für die an Lepra, einer Hautkrankheit, leidenden Menschen gab es vor den Toren der Stadt in Rüttenscheid ein Siechenhaus mit einer Kapelle. Sie steht noch heute.

Die Siechenhauskapelle

Die Reformation

Schon lange hatten sich die Äbtissinnen und die Essener Bürger darüber gestritten, wer in der Stadt das Sagen hat. Doch was dann im 16. Jahrhundert passierte, machte den Streit noch schlimmer. Damals begann die Reformation. Ein Mann namens **Martin Luther** war der Meinung, dass in der Kirche vieles nicht gut lief. Er kritisierte zum Beispiel, dass die Kirche Geld dafür verlangte, wenn sie Menschen von ihren Sünden befreien sollte. Es ärgerte ihn auch, dass viele Geistliche kein frommes Leben führten, sondern vor allem auf Geld und gutes Essen schauten. Martin Luther fand in der Bevölkerung viele Anhänger, die sich schon lange über die Mächtigen in der Kirche aufgeregt hatten.

Auch die Essener wollten in ihrer Gertrudiskirche nicht länger die lateinischen, sondern neue deutsche Lieder singen, die sie auch verstehen konnten. 1561 beschloss der Rat den deutschen Gesang in der Kirche. Von nun an hielten evangelische Pfarrer den Gottesdienst ab. Das katholische Frauenstift war jetzt von einer evangelischen Stadt umgeben. Äbtissin Irmgard wollte sich das allerdings nicht gefallen lassen. Sie verklagte die Stadt Essen vor dem höchsten deutschen Gericht in Speyer. Es ist kaum zu glauben, aber erst 102 Jahre

später fällten die Richter das Urteil. Sie sagten, die Äbtissin sei zwar Landesfürstin, aber die Stadt Essen dürfe über ihre Religion selbst bestimmen. So blieb die Stadt **evangelisch**, das Stift aber **katholisch**.

Heute sind wir froh über den Frieden, in dem wir leben dürfen. Damals war das ganz anders: In Europa gab es ständig **Kriege**. Ganze 80 Jahre lang bekämpften sich zum Beispiel die Spanier und die Niederländer. Oft kamen Soldaten in die Stadt, plünderten und verwüsteten die Häuser. Die Essener mussten den Soldaten sogar Geld zahlen. Weil die Einwohner nichts dagegen unternehmen konnten, verließen viele die Stadt. Manchmal musste sogar der Domschatz in Sicherheit gebracht werden.

Nach vielen Jahren des Krieges war Essen eine ganz arme Stadt. Im Jahr 1648, als **der Dreißigjährige Krieg** zu Ende war, hatte sie 600.000 Reichstaler Schulden. Von 800 Häusern standen nur noch 300, der Rest war zerstört. Du kannst dir sicher vorstellen, dass die Essener ziemlich froh waren, als der Krieg endlich vorbei war! Im Jahr 1650 feierten sie deshalb ein

großes Friedensfest. Sie schmückten die Straßen, hissten Flaggen, läuteten die Glocken und veranstalteten Umzüge mit Gesang und Bier.

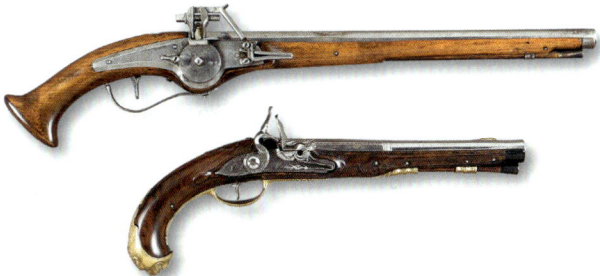

Zwei Essener Pistolen aus dem 17. und 18. Jahrhundert

Den Büchsenschmieden hatte der Krieg allerdings genutzt. In Essen wurden nämlich schon seit dem 15. Jahrhundert **Gewehre und Pistolen** hergestellt. Man nannte sie Büchsen. Davon brauchte man im Krieg viele, und so konnten die Essener Büchsenschmiede viele Gewehre und Pistolen herstellen und verkaufen. Die Stadt verdiente mit, denn die Schmiede mussten einen Teil ihrer Einnahmen als Steuer an die Stadt bezahlen. Auch im benachbarten Steele gab es viele Büchsenmacher.

Die Einwohner Essens gehörten im späten Mittelalter drei verschiedenen Schichten an. Die Oberschicht war reich, besaß Häuser und Land und konnte zum Beispiel in den Stadtrat gewählt werden. Vor allem die Kaufleute, die mit Wein und Tuchen handelten, verdienten viel Geld. Zur Mittelschicht zählten Normalverdiener, zum Beispiel einfache Kaufleute und Handwerker. Zur Unterschicht gehörten Mägde, Knechte, Arme, Kranke und Obdachlose. Die meisten waren Bauern und Tagelöhner. Die einfachen Menschen konnten meist nicht lesen, schreiben oder rechnen. Wenn sie irgendwo unterschreiben mussten, machten sie Kreuzchen aufs Papier.

Viele Menschen waren im 16. Jahrhundert überzeugt, dass es **Hexen** gibt. Wie überall in Deutschland wurden auch in Essen Frauen und Männer angeklagt, sogenannte „Zaubersche" zu sein. Sie waren die Sündenböcke, wenn es eine schlechte Ernte oder einen kalten Winter gegeben hatte. Um herauszubekommen, ob sie wirklich eine Hexe waren, gab es die Wasserprobe. Man fesselte die Angeklagten und warf sie ins Wasser der Emscher oder der Ruhr. Wer unterging, war unschuldig. Wer nicht unterging, galt als schuldig. Die Schuldigen wurden so lange gefoltert, bis sie zugaben, mit dem Teufel unter einer Decke zu stecken, obwohl das gar nicht stimmte. Meist tötete man sie dann.

Der Blücherturm

Im Stift Rellinghausen fanden die Prozesse im Blücherturm statt, einem alten Gerichtsturm, der heute noch steht. Die Essener Äbtissinnen urteilten allerdings manchmal auch milde und verbannten die „Hexen" lediglich aus der Stadt.

Wusstest du...

... dass es in Rellinghausen die Straße Hexentaufe gibt? Sie erinnert an den grausamen Brauch, vermeintliche „Hexen" in die Ruhr zu werfen. Im Blücherturm erfährst du mehr darüber.

Bürger, Bücher, Bildung

Viele Jahrhunderte lang veränderte sich das Leben in Essen nur langsam. Doch dann begann eine Zeit, in der die Menschen anfingen, anders zu denken. Etwas zu wissen und selbst aktiv zu werden, zählte mehr als früher. Deutsche Erfinder dachten sich Sachen aus, die den Alltag der Menschen veränderten. Nun gab es zum Beispiel den Buchdruck, den Johannes Gutenberg erfunden hatte. Seitdem mussten Bücher nicht mehr mit der Hand geschrieben und abgeschrieben werden. Man konnte sie drucken – einmal, 10-Mal, 100-Mal. Die Folge war, dass immer mehr Bürger lesen lernten und **Bücher** lasen. Bildung wurde wichtiger.

Das erste Buch, das in Essen gedruckt wurde, war ein Gesangbuch. Das war im Jahr 1614. Die erste **Zeitung** der Stadt erschien 1738 zweimal wöchentlich. Es waren die „Neuesten Essendischen Nachrichten von Staats- und Gelehrten-Sachen". Ein Mann namens Zacharias Baedeker übernahm etwa 40 Jahre später diese Zeitung. Allerdings durften die Journalisten damals nicht alles so schreiben, wie sie wollten. Es gab noch keine Pressefreiheit. Der Bürgermeister las die Zeitung, bevor sie erschien, und konnte Meldungen verbieten, die ihm nicht passten. Das nennt man Zensur.

Zacharias Baedeker gründete auch eine **Bücherei**, in der Menschen, die sich keine Bücher kaufen wollten oder kein Geld dafür hatten, etwas zum Lesen ausleihen konnten. Diese Leihbücherei funktionierte so ähnlich wie die heutige Stadtbibliothek.

Zacharias' Sohn Gottschalk Diederich Baedeker kaufte viele weitere Bücher für die Bücherei. Er gründete den G. D. Baedeker Verlag, der später sehr bekannt wurde.

Gottschalk Diederich Baedeker

Schulen für die Kinder

Auch die Äbtissinnen machten sich Gedanken um die Bildung der Menschen, vor allem der Kinder. Ebenso wie die Klosterschule der Benediktinermönche in Werden gab es die Schule im Frauenstift schon viele Jahrhunderte lang. Eigentlich waren es sogar zwei. In der einen wurden Stiftsdamen und junge adelige Mädchen unterrichtet. Die andere war für Jungen, und zwar nicht nur für Messdiener und Chor-

Wusstest du...

...dass Messdiener im Gottesdienst mithelfen? Viele Kinder und Jugendliche dienen in katholischen Kirchen als Messdiener bei den Gottesdiensten. Sie bringen dem Pfarrer zum Beispiel Kelche und Schalen an den Altar, halten Bücher oder läuten Schellen.

1100   1200   1300   1400   1500   1600   1700   1800   1900   2000   2010

Die Schule und das Kloster B.M.V. am II. Hagen um das Jahr 1900

sänger, sondern auch für Jungen aus der Stadt. In den Schulstunden sprachen sie lateinisch. Deshalb hieß die Schule „Lateinschule".

1564 richtete die Stadt eine evangelische **Schule** ein, baute aber für sie kein neues Haus: Lehrer unterrichteten die Kinder im Hospital zum Heiligen Geist. Dieses erste Essener Kranken- und Armenhaus stand am heutigen Kopstadtplatz. Ein großer Raum wurde als Klassenzimmer eingerichtet.

Der Kopstadtplatz um 1900.
Links das Hospital zum Heiligen Geist

Eine weitere Schule kam im Jahr 1652 hinzu: Äbtissin Anna Salome gründete eine höhere Mädchenschule. Sie holte dafür drei Ordens-

frauen aus einem Kloster von Münster nach Essen. Sie gehörten dem Orden der Augustiner Chorfrauen der „Congregatio Beatae Mariae Virginis" an. Das ist Lateinisch und bedeutet so viel wie „Gemeinschaft unserer lieben Frau". Gemeint ist die Gottesmutter Maria. Die Schule und das dazugehörige Kloster standen am II. Hagen, heute ist dort der Hirschlandplatz. Nach fast 300 Jahren wurde es dort zu eng und die Schule und das Kloster mussten umziehen. Heute steht das **B.M.V.-Gymnasium** im Stadtteil Holsterhausen.

Jesuiten übernahmen im Jahr 1669 die Jungenschule des Frauenstifts. Diese Priester setzten sich sehr für die Bildung der Menschen ein und galten als gute Lehrer. Ab 1691 nannten sie ihre Schule „Gymnasium an der Burg". Warum? Das kannst du dir leicht denken: Die Schule lag direkt am Burgplatz. Noch heute heißt sie **Burggymnasium**.

![Das Burggymnasium um 1900](schwarzweiß-Foto eines mehrstöckigen Gebäudes)

Das Burggymnasium um 1900

Im 17. Jahrhundert entstanden auch in den Orten rund um Essen die ersten Schulen, zum Beispiel in Rellinghausen, Borbeck und Altenessen. Denk nun aber nicht, dass früher alle Kinder zur Schule gegangen sind, so wie heute. Eine **Schulpflicht** gab es damals noch nicht. Nur die Kinder, deren Eltern das Schulgeld bezahlen konnten, gingen zur Schule. Die anderen blieben zu Hause bei der Mutter, halfen im Haus, in der Werkstatt oder arbeiteten, wenn sie Bauernkinder waren, auf dem Feld. Manche gingen auch betteln.

Du bist dran!

Wie alt ist deine Schule? Frag deine Lehrerin oder deinen Lehrer! Habt ihr an eurer Schule in letzter Zeit ein Jubiläumsfest gefeiert?

Die Augustiner Chorfrauen B.M.V. eröffneten 1652 nicht nur eine höhere Schule, in der die Mädchen Französisch lernten (sie hieß deshalb „französische Schule"), sondern auch eine „deutsche Schule", die kein Schulgeld kostete. Dort konnten alle Mädchen zur Schule gehen, auch die armen.

> **Diese Fächer hatte ein Siebtklässler an der Lateinschule in Essen um das Jahr 1740:**
>
> **8 Stunden Religion**
> **15 Stunden Latein**
> **2 Stunden Griechisch**
> **1 Stunde Logik**
> **1 Stunde Rechnen**
> **1 Stunde Geometrie**
> **1 Stunde Geschichte**
> **1 Stunde Geografie**
> **insgesamt: 30 Stunden pro Woche**

Die Lehrer waren früher nicht so gut ausgebildet wie heute. Es konnte sogar sein, dass ein Handwerker oder ein Knecht die Kinder unterrichtete. Stell dir das einmal vor! Der Essener Äbtissin Maria Kunigunde gefiel das gar nicht. Sie setzte sich am Ende des 18. Jahrhunderts dafür ein, dass die katholischen Schulen in einem guten Zustand waren und dass nur geeignete Lehrer den Unterricht leiten sollten. Außerdem schenkte sie den

Das Steeler Waisenhaus ist heute ein Kinderheim

Die Gertrudiskirche am Markt war der Mittelpunkt der Stadt. Heute heißt sie Marktkirche

armen Familien Schulbücher. Neue Schulfächer kamen hinzu, das Fach Mathematik wurde wichtiger.

Bereits vor Maria Kunigunde hatte sich eine andere Äbtissin ebenfalls sehr für Kinder eingesetzt. Von ihr hast du schon im zweiten Kapitel gehört: Es war die Gründerin des Steeler Waisenhauses – Franziska Christine.

„Wir treffen uns am Markt!"

Der **Markt** rund um die Gertrudiskirche, die man auch als Raum für große Versammlungen nutzte, war im Laufe der Jahrhunderte immer größer geworden. In einem Anbau der Kirche stand eine große **Waage**, auf der die Waren

der Händler gewogen wurden. Neben dem Rathaus gab es eine Fleischhalle. Die Bäcker besaßen Verkaufsbuden neben der Kirche. Die Kaufleute und Handwerker hatten sich

So sah die Marktwaage aus

in Gruppen zusammengeschlossen, die sich **Gilden oder Ämter** nannten. Es gab Versorgungs-, Bekleidungs- und Handwerkergilden. Wenn man Mitglied werden wollte, musste man ein Beitrittsgeld zahlen.

Die Fisch-, Fleisch- und Fetthändler waren zum Beispiel Mitglied in der „Fetten Gilde". Sie wollten ihre Interessen gemeinsam vertreten und darüber bestimmen, wer in ihrem Beruf arbeiten durfte und wer nicht. Außerdem passten sie auf, dass nur gute und frische Produkte verkauft wurden.

Damals war es schwierig, Lebensmittel frisch zu halten, vor allem im heißen Sommer. Es gab noch keine Kühlschränke und so faulten und stanken Fleisch und Fisch schnell, wenn ein Händler nicht genügend Käufer hatte. Der Gildemeister der Fetten Gilde achtete darauf, dass die Kaufleute ihre Ware nicht länger als drei Tage an den Ständen liegen hatten. Ab dem vierten Tag durften zum Beispiel nicht verkaufte Fische nur noch gesalzen angeboten werden. Das machte sie länger haltbar. Fleisch lagerten die Menschen oft in Kellern oder in Wassereimern.

Viele Essener waren auch damit beschäftigt, **Stoffe und Kleidung** herzustellen. Es gab Wollweber, Leinenweber, Pelzer, Schuster, Tuchscherer, Schneider und Hutmacher. Bis ein Kleid oder ein Mantel auf dem Markt verkauft werden konnte, war viel zu tun.

Man brauchte zunächst einmal Tierwolle oder Pflanzenfasern, um sie an einem Spinnrad zu Garn zu spinnen. Aus den Fäden wurden dann Tuche gewebt. Die Weber hatten dafür Webstühle in ihren Häusern. Aus den Tuchen nähten die Schneider Kleidung. Frauen nähten aber auch selbst für ihre Familie. Kinder mussten nicht nur beim Spinnen und Weben, sondern auch bei anderen Arbeiten helfen. Besonders die **Tuchmacher** aus Werden und Kettwig waren für ihre gute Arbeit bekannt.

In der Grafenstraße in Werden steht ein typisches Weberhaus aus dem Jahr 1756

Die wichtigsten **Handwerker**gruppen in Essen waren die Schreiner, die Schmiede, die Gold- und Silberarbeiter und die Barbiere. Barbiere schnitten den Männern nicht nur die Haare und die Bärte, sondern arbeiteten auch wie Ärzte: Sie zogen zum Beispiel Zähne, rührten Salben an und ließen die Menschen zur Ader. Das bedeutete, sie entnahmen ihnen Blut.

Die erste **Apotheke** gab es in Essen schon im 15. Jahrhundert.

Auch wenn Essen um das Jahr 1800 schon beinahe 900 Jahre alt war, war die Stadt klein und nicht besonders bedeutend. Sie sah immer noch aus wie ein mittelalterliches Städtchen mit einer Stadtmauer rundherum. Im Jahr 1807 zählte man in der Stadt 189 Scheunen und 67 Ställe. Die Essener besaßen 55 Pferde und Fohlen, 319 Kühe, 107 Ziegen und 189 Schweine. Die meisten Einwohner hatten einen Garten oder einen Acker und betrieben ein wenig Landwirtschaft, auch die Kaufleute und Handwerker. In Essen lebten nur etwa 4000 Menschen, genauso wie schon ein paar Hundert Jahre zuvor. Doch das sollte sich bald ändern …

Von der Marktkirche steht heute nur noch der rechte Teil. Dieses Foto ist aus dem Jahr 1900

Die Kohle und der Stahl

Was Essen damals reich machte

Kohle und Stahl spielten lange Zeit eine ganz wichtige Rolle für die Stadt Essen. Lass uns mit der **Kohle** anfangen! Steinkohle ist ein schwarzes Gestein, das tief in der Erde liegt. Wenn du wissen willst, wie es dort hingekommen ist, musst du 300 Millionen Jahre in der Zeit zurückreisen.

Damals war das Klima bei uns warm und feucht. Es gab viele Sümpfe, und die Wälder sahen aus wie ein Dschungel. Wenn alte Pflanzen abstarben, versanken sie im sumpfigen Boden. Dort wurden sie zu Torf. Immer wieder passierte es, dass das Meer die Sümpfe überspülte. Das Wasser brachte Sand und Ton mit sich. Wenn es wieder abfloss, wuchsen neue Sumpfwälder und alles wiederholte sich.

Die Torfschichten rutschten immer tiefer in die Erde. Weil die Schichten aus Sand und Ton darüber so schwer waren, pressten sie das Wasser aus dem Torf heraus. In der Tiefe der Erde wurde der Torf immer wärmer. Schließlich war es kein Torf mehr, sondern Braunkohle. Daraus wurde noch viel später Steinkohle.

Bei uns im Ruhrgebiet hat – so erzählt eine Sage – ein Junge die Steinkohle entdeckt.

Der Schweinehirte fand in der Nähe der Stadt Witten schwarze Steine und stellte sie zu einem Ring zusammen, um darin ein Holzfeuer zu machen. Am nächsten Tag kam er zurück. Das Feuer war längst ausgegangen, doch die schwarzen Steine glühten und gaben ganz viel Wärme ab.

So könnte es in Essen und im Ruhrgebiet vor 300 Millionen Jahren ausgesehen haben

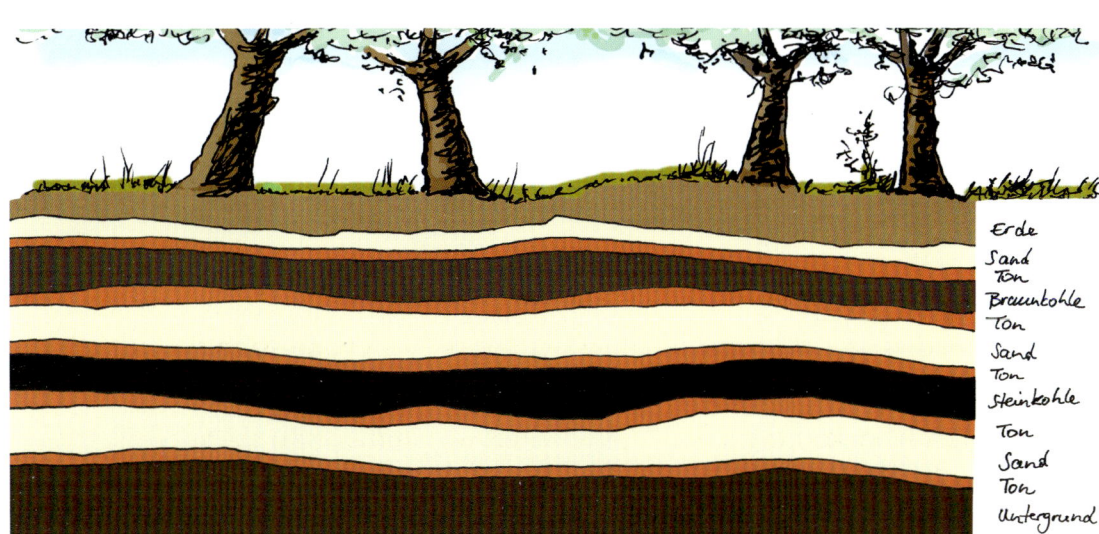

Erde
Sand
Ton
Braunkohle
Ton
Sand
Ton
Steinkohle
Ton
Sand
Ton
Untergrund

Die Schichten aus Sand, Torf und Ton rutschten immer tiefer in die Erde

Genau das macht Steinkohle so wertvoll. Mit ihr kann man sehr gut heizen, viel besser als mit Holz.

Im Boden der Stadt Essen lag früher sehr viel Steinkohle. Im Süden von Essen, dort wo das Land zur Ruhr hin abfällt, haben Menschen sie schon vor vielen Hundert Jahren entdeckt. Dort lagen die Kohleschichten, **Flöze** genannt, nah an der Oberfläche. Warum? In Millionen von Jahren hatten sich die Schichten in der Erde verschoben, gefaltet und sogar schief gestellt. An der Ruhr musste man nur eine Grube in den Boden oder einen Gang in einen Hügel graben und schon konnte man die Kohle mit einer Schaufel herausholen.

Allerdings ging das immer nur so lange, bis das Grundwasser erreicht war. Das **Grundwasser** steht in einer bestimmten Tiefe unter der Stadt. Sobald die Menschen einen senkrechten Schacht in die Erde bohren wollten, um Kohle abzubauen, mussten sie dafür sorgen, dass das Grundwasser über einen anderen Gang abfließen konnte.

Aus dem Jahr 1317 gibt es eine Urkunde, in der die Kohle in Essen erwähnt wird. Allerdings benutzten sie nur die armen Menschen zum Heizen. Kein Wunder, denn der Rauch, der beim Verbrennen der Kohle entstand, konnte damals noch nicht nach draußen abgeleitet werden. Dadurch stank der ganze Raum. Die Schmiede nutzten die Kohle dagegen gern. Bisher hatten sie Feuer mit Holz gemacht, doch das wurde knapp. Die Wälder rund um Essen waren schon ziemlich abgeholzt. So freuten sich die Schmiede über ein neues, besseres Brennmaterial.

Bald wussten die Menschen von nah und fern, dass es in Essen viel Kohle gab. An der **Ruhr** gab es viele kleine Bergwerke. Die Essener konnten die Kohle gut verkaufen. Sie transportierten sie auf Lastkähnen die Ruhr hinunter nach Duisburg und dann weiter auf dem Rhein nach Düsseldorf, Köln oder Wesel. Später gab es sogar Kunden in Holland oder in der Schweiz.

Wusstest du …

… dass sich die Bergleute „Glück auf!" wünschen? Der Gruß hatte ursprünglich die Bedeutung: „Glück, tu die Gänge auf und nicht zu." Damit wünschten sich die Bergleute, viel Kohle zu finden.

Franz Dinnendahl steht neben einer Dampfmaschine

Bis ins 19. Jahrhundert hinein hatte der Kohleabbau für Essen jedoch keine große Bedeutung. Das lag erstens daran, dass man sie aus tieferen Schichten nur schwer herausholen konnte, weil dort immer das Grundwasser stand. In einem solchen Bergbaubetrieb waren bis zu 25 Männer nur damit beschäftigt, das Wasser wegzupumpen. Echt anstrengend! Zweitens gab es noch keine Fabriken, die viel Steinkohle brauchten. Und drittens konnte man sie nicht in großen Mengen transportieren, denn eine Eisenbahn gab es in Essen noch nicht.

Im 19. Jahrhundert änderte sich aber ganz plötzlich unglaublich viel in kurzer Zeit. Und das nicht nur in Essen, sondern in vielen Städten in Deutschland und Europa. Wir nennen das die Zeit der **Industrialisierung**.

Was war passiert? Bis zum 18. Jahrhundert mussten die Menschen fast ihre ganze Arbeit auf den Bauernhöfen und in den Werkstätten mit ihrer eigenen Muskelkraft erledigen. Tiere, zum Beispiel Pferde, haben zwar bei der Feldarbeit geholfen, und in Wind- und Wasser-

mühlen wurde Korn gemahlen, aber ansonsten gab es fast keine Maschinen. Das änderte sich zuerst in England. Dort hat sich ein Erfinder schon im 18. Jahrhundert eine Maschine ausgedacht, die aus heißem Wasserdampf Kraft erzeugte: die **Dampfmaschine**.

Viele andere Männer erfanden danach Geräte und andere Maschinen, die mit der Kraft der Dampfmaschine angetrieben wurden. Nach einiger Zeit wurde in England schließlich die **Eisenbahn** erfunden. Eine Eisenbahn war damals eigentlich nichts anderes als eine Dampfmaschine, die sich mit ihrer eigenen Kraft auf Eisenschienen fortbewegen konnte.

Eisenbahn und Schienen bestanden aus Eisen. Für die neuen Eisenbahnlinien und für all die

anderen neuen Erfindungen brauchte man sehr viel Eisen. Und um das Eisen zu schmelzen und zu **Stahl** zu verarbeiten, brauchte man Kohle.

Wie du schon weißt, lag in Essen viel Kohle im Boden. Was damals aber fehlte, war eine Maschine, die das Grundwasser wegpumpte. Eine solche Dampfmaschine baute **Franz Dinnendahl** im Jahr 1803. Dinnendahl war eigentlich ein Zimmermann aus Horst bei Steele. Er interessierte sich sehr für Maschinen und hatte viele gute Ideen. Franz Dinnendahl war der erste, der eine Dampfmaschine hier bei uns an der Ruhr baute, und zwar für die Zeche Wohlgemuth in Kupferdreh. Jetzt konnte Kohle auch in tieferen Schichten abgebaut werden.

Das Grundwasser war aber nicht das einzige Problem für den Bergbau. Im Norden von Essen lag die Kohle unter einer sehr harten Schicht aus Kalk und Ton. Sie heißt **Mergelschicht**. Bis 1834 hatte es noch niemand geschafft, durch diese Schicht hindurchzukommen. Experten glaubten damals, dass man die großen Kohlevorräte, die unter der Mergelschicht lagen, wohl nie ans Tageslicht holen würde. Doch da hatten sie sich gründlich geirrt!

Franz Haniel

Ein Duisburger Unternehmer namens **Franz Haniel** schaffte es in Schönebeck, die harte Schicht zu durchstoßen. Er nannte den Schacht „Franz". Doch erst aus seinem zweiten Schacht namens „Kronprinz von Preußen" förderte Franz Haniel ab 1838 wirklich Steinkohle.

Das war der Startschuss für viele andere Unternehmer, Tiefbauzechen zu errichten. Nur zwei Jahre später teufte **Mathias Stinnes** den Schacht „Graf Beust" in der Nähe der Essener Innenstadt ab. Abteufen bedeutet: ein großes Loch in die Erde bohren, um einen Zechenschacht zu errichten. Franz Haniel tat dies 1848 in Stoppenberg und nannte die Zeche „Zollverein". Den Namen kennst du bestimmt, oder? Klar, denn die **Zeche Zollverein** gibt es noch immer. Sie fördert zwar seit 1986 keine Kohle mehr, aber sie ist aus einem anderen Grund sehr wichtig für die Stadt. Die Zeche trägt den Ehrentitel „Weltkulturerbe".

Nach Mathias Stinnes wurde diese Zeche in Karnap benannt

So sieht die Zeche Zollverein heute aus. Seit 1986 wird hier keine Kohle mehr gefördert

Auf Zollverein kannst du erleben, wie das früher war, als in Essen noch Kohle gefördert wurde. Die Zeche Zollverein war 1986 die letzte Zeche in Essen. Mit ihr ging die Bergbaugeschichte der Stadt zu Ende.

Damals, im Jahr 1848, hätte sich das wohl niemand vorstellen können. Essen war gerade dabei, eine richtig erfolgreiche Stadt zu werden. Wegen der vielen neuen Zechen zogen immer mehr Menschen in die Stadt, die „unter Tage", also in den Bergwerken arbeiteten. Essen hatte nun auch eine Eisenbahn. Die erste Strecke verlief im Süden durch Kupferdreh. Das war die **Deilbachbahn**. Erst wurden die Wagen von Pferden gezogen, später dann von einer Dampflokomotive.

Die zweite und wichtigere Strecke führte im Norden von Duisburg über Altenessen nach Dortmund. Das war die **Köln-Mindener Eisenbahn**. Die Stadt Essen selbst, also die heutige Innenstadt, hatte damals noch keinen Bahnhof.

Du bist dran!

Auf der Zeche Zollverein ist immer richtig was los. Es gibt Führungen für Kinder, Familien und Schulklassen. Möchtest du gern mal einen Helm aufsetzen und nach Kohle schaufeln? Oder willst du den Geschichten eines ehemaligen Bergmanns lauschen? Auf Zollverein ist das alles möglich. Also, nichts wie hin nach Stoppenberg!

Altenessen

Darüber waren viele Essener verärgert. Sie mussten immer die lange Straße nach Altenessen, die heutige Altenessener Straße, zum Bahnhof laufen. Die Zechenbesitzer ließen Schienen von ihren Zechen zur Köln-Mindener Eisenbahn bauen. Die Kohlenkähne auf der Ruhr wurden nun überflüssig.

In dieser aufregenden Zeit des technischen Fortschritts gab es noch eine Erfindung, die für Essen sehr wichtig war: In England war es gelungen, aus Steinkohle **Koks** zu machen. Was ist Koks? Kurz gesagt: In Steinkohle steckt Gas, in Koks nicht. In einer Kokerei wird in einem Ofen aus Kohle Koks gemacht. Allerdings klappt das nicht mit jeder Kohle. Mit Fettkohle geht es gut, mit Magerkohle dagegen nicht. Im Norden von Essen lag sehr viel Fettkohle im Boden. Das war praktisch, denn die Unternehmer, die Eisen und Stahl produzierten, hatten erkannt, dass sie Koks für ihre Hochöfen viel besser gebrauchen konnten als Steinkohle. Er

Der Bahnhof Altenessen

brannte besser. Deswegen entstanden neben den Essener Zechen **Kokereien**, zum Beispiel die Kokerei Zollverein, die den Koks produzierten und verkauften.

Ein Mann, der schon früh erkannt hatte, dass in der Produktion von Stahl die Zukunft lag, war Friedrich Krupp. Er baute in Essen die erste deutsche Fabrik für Gussstahl. Aber erst sein Sohn Alfred hatte richtig Erfolg…

Die Züge der Köln-Mindener Eisenbahn hielten in Altenessen

500   800   1000

Mit Alfred kam der Erfolg

Friedrich Krupp

Krupp! Dieser Name ist ganz besonders wichtig für die Stadt Essen. Es ist der Name einer Familie, die mit ihrer Firma so unglaublich erfolgreich war, dass Essen lange Zeit sogar „die Kruppstadt" genannt wurde. Alles fing im Jahr 1811 an. Damals gründete **Friedrich Krupp** in Altenessen eine Werkstatt, um dort Gussstahl herzustellen. Da war er 24 Jahre alt. Friedrich Krupp stammte aus einer Familie, die schon lange in Essen lebte. Im Jahr 1587 war ein Mann namens Arndt Krupp aus Holland nach Essen gezogen, um hier als Kaufmann zu arbeiten. Er verdiente viel Geld und war Mitglied im Stadtrat. Von den Krupps, die nach ihm geboren wurden, hatten viele Männer Ämter bei der Stadt: Sie waren zum Beispiel Bürgermeister oder als Kämmerer fürs Geld zuständig.

Friedrich Krupp wollte mit seiner Gussstahlfabrik Geld verdienen. Er wollte Produkte aus **Stahl** herstellen und sie verkaufen. Weißt du eigentlich, was Stahl ist? Stahl wird aus (Roh-)Eisen hergestellt. Es kommt in der Natur als Eisenerz unter der Erde vor. Das ist ein Gestein.

Eisen ist hart und spröde, Stahl dagegen kann geschmiedet, gewalzt oder gepresst werden. Und so hat Friedrich Krupp Gussstahl hergestellt: Er kaufte gewöhnlichen Stahl und füllte ihn in einen Schmelzofen, um ihn noch einmal flüssig zu machen. Von der nahen Zeche Sälzer & Neuack bekam er die Kohlen für den Ofen. Der Stahl wurde in Formen gegossen. Dann wurden die fertigen Stahlstücke in Krupps Hammerwerk in Altenessen geschmiedet.

Friedrich Krupp lieferte zum Beispiel Bohrer, Feilen, Meißel oder Münzstempel. 1818 baute er eine neue, größere Fabrik mit acht Schmelzöfen in Altendorf. Dafür musste er sich Geld leihen. Doch leider liefen seine Geschäfte schlecht. Er bekam nicht genügend Aufträge, weil damals Stahl aus England besser als der Krupp-Stahl und auch billiger war.

In diesem Haus auf dem Fabrikgelände lebte Friedrich Krupp kurze Zeit mit seiner Familie, als er nur noch wenig Geld hatte. Es wird Krupp-Stammhaus genannt

400	1600	1700	1800	1810	1820	1830	1840	1850	1900	2000	2010

Friedrich Krupp musste aus seinem großen Geburtshaus am Flachsmarkt ausziehen und lebte mit seiner Frau und seinen vier Kindern die letzten zwei Jahre seines Lebens in einem kleinen Aufseherhäuschen neben seiner Fabrik. Mit 39 Jahren war Friedrich Krupp fast bankrott. Das bedeutet, dass er kaum noch Geld hatte. Nach seinem Tod übernahm sein Sohn Alfred die Firma. Alfred war da erst 14 Jahre alt. Ganz schön jung, was?

Das war der Eingang zu den Kruppschen Werken. Schau mal auf Seite 75, wie es dort heute aussieht!

Alfred Krupp

Alfred Krupp war ein Mann, der tatkräftig und erfindungsreich war und sein Leben lang hart gearbeitet hat. Er wollte Stahl produzieren, der besonders gut und belastbar war, und dann viele Aufträge bekommen, um aus der Firma Krupp ein großes Unternehmen zu machen. Krupp baute zum Beispiel Walzen, mit denen man Löffel herstellen oder Gold- und Silberbleche bearbeiten konnte. 1849 wurde die Köln-Mindener Eisenbahn sein Kunde und kaufte für ihre Waggons und Lokomotiven Stahlachsen und -federn.

Alfred Krupp reiste viel durch Deutschland und Europa, um den Menschen zu sagen, wie gut sein Stahl war, und um dadurch Aufträge zu bekommen. Das schaffte er auch. Im Jahr 1850 war Krupps Fabrik schon das größte Unternehmen der Stadt.

Wusstest du...

...dass das kleine Aufseherhäuschen immer noch steht? Es wird Krupp-Stammhaus genannt. Du findest es an der Altendorfer Straße, neben dem ThyssenKrupp-Quartier. Das Fachwerkhaus mit den grünen Fensterläden war im Zweiten Weltkrieg 1944 zerstört worden. Es wurde 1961 wiederaufgebaut. Auf Seite 130 kannst du ein Foto davon sehen.

Da gelang Alfred Krupp eine bedeutende Erfindung: Es war der **nahtlose Eisenbahnreifen**. Bisher waren die Räder der Eisenbahnen immer an einer Stelle zusammengeschweißt gewesen. Weil aber die Züge immer schneller fuhren, brachen die Räder jetzt öfter. Seine Erfindung machte Krupp reich, weil nun viele Eisenbahngesellschaften seine Räder kaufen wollten. In manchen Jahren produzierte er 65.000 Stück. Die Räder wurden das **Wahrzeichen** der Firma Krupp: **drei aufeinandergelegte Ringe**.

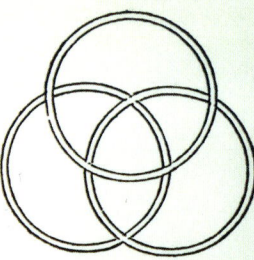

Die drei Krupp-Ringe

Bei Krupp gab es noch ein zweites wichtiges Produkt: **Kanonen**. 1859 bekam er den ersten großen Auftrag von der preußischen Armee, die viele Kanonen brauchte. 1861 baute Krupp für seine Fabrik eine neue Maschine. Es war ein riesiger, dreieinhalb Meter hoher Hammer. Der Hammer wurde durch Dampfkraft hochgezogen und fiel dann nach unten, wo er Stahlblöcke schmiedete. Von nun an hörten die Menschen in Essen Tag und Nacht das dumpfe Aufschlagen des großen Schmiedehammers: bumm – bumm – bumm.

Alfred Krupp kümmerte sich aber nicht nur darum, dass seine Firma Erfolg hatte. Ihm war es sehr wichtig, dass es seinen Arbeitern gut ging. Für die „Kruppianer" ließ er sich vieles einfallen:

- *Alle Arbeiter waren in einer **Krankenkasse** versichert. Sie zahlten den größeren Teil des Beitrags, Krupp den kleineren. Die Familien der Arbeiter waren mitversichert.*

- *Es gab preiswerte **Werkswohnungen** für die Arbeiter. Krupp ließ zunächst Wohnheime für unverheiratete Männer bauen, später dann ganze Siedlungen mit Häusern für Familien. Diese Kolonien hießen zum Beispiel Westend, Nordhof, Schederhof oder Cronenberg.*

- *Krupp und die Arbeiter zahlten auch Geld in eine **Pensionskasse**. Wer aus Altersgründen bei Krupp aufhörte, bekam eine Pension, also eine Rente. Für die Rentner ließ Krupps Sohn Friedrich Alfred den Altenhof in Rüttenscheid bauen. In dieser Siedlung durften sie wohnen, ohne Miete zu zahlen.*

- *Krupp richtete **Schulen** ein, in denen die Arbeiterkinder unterrichtet wurden, ohne dass sie Schulgeld bezahlen mussten.*

- *Auch ein eigenes **Krankenhaus** gab es ab 1872 für die Arbeiter.*

- *In der **Konsumanstalt**, einer Art Supermarkt, konnten die Kruppianer preiswerte Lebensmittel einkaufen.*

Arbeiter anderer Firmen hatten all diese Vorteile nicht. Sie waren zum Beispiel nicht krankenversichert. Warum tat Alfred Krupp das alles? Nun, er dachte sich: „Wenn meine Arbeiter viele Vorteile haben, weil sie Kruppianer sind, dann arbeiten sie auch gerne bei mir und machen ihre Arbeit gut."

Die Fläche der Kruppwerke (links) war viel größer als die Stadt Essen (rechts)

Wusstest du...

...dass der Eingang zu Krupps Fabrikgelände dort lag, wo sich heute das Theater Colosseum und das Möbelhaus Ikea befinden?

Gleichzeitig war Alfred Krupp aber auch ein **strenger Chef**. Seine Arbeiter durften nicht politisch aktiv sein oder woanders ein wenig Geld dazuverdienen. Krupp wollte nicht, dass sie bestimmte Zeitungen oder Zeitschriften lasen, und in der Kneipe betrinken sollten sie sich auch nicht. Arbeiter, die in seinen Wohnungen wohnten, aber in seinen Augen nicht „brav" waren, konnten entlassen werden. Was die Arbeiter durften und was nicht, stand in einem **Regelbuch**.

Weil er so viele Produkte aus Stahl in die ganze Welt verkaufte, wurde Alfred Krupp immer reicher. Er ließ neue Fabrikhallen, zum Beispiel Walzwerke für Eisenbahnschienen, bauen, so dass das Gelände der Firma Krupp größer und größer wurde. Im Jahr 1873 war es siebenmal so groß wie die ganze Essener Altstadt. Krupp bekam viele Aufträge, weil damals in Europa Kriege geführt wurden, zum Beispiel kämpften die Deutschen gegen die Dänen und gegen die Franzosen. Mehr Geld verdiente die Firma allerdings damals mit Stahlteilen für Schiffe und Eisenbahnen. Von dem eingenommenen Geld kaufte Krupp auch in anderen Ländern Unternehmen. So besaß er in Spanien Eisenerzgruben und in den Niederlanden eine Reederei, also ein Schifffahrtsunternehmen.

Obwohl Krupp so viel Geld verdiente, lebte er viele Jahre mit seiner Frau Bertha und seinem Sohn Friedrich Alfred in einem Wohnhaus in der Nähe der Fabrikgebäude. Dort war es laut

Du bist dran!

In der Villa Hügel wohnt heute kein Krupp mehr. Das schöne Gebäude ist ein ganz besonderes Haus für Ausstellungen und Konzerte. Geh einmal ins Kleine Haus der Villa Hügel. Dort wird die Krupp-Geschichte erzählt.

In dieser Halle ließ Krupp Kanonen bauen

und schmutzig. Erst als er schon fast 60 Jahre alt war, entschloss sich Alfred Krupp, eine große Villa zu bauen. Dafür hatte er sich ein Stück Land oberhalb der Ruhr ausgesucht.

Im Jahr 1873 war die **Villa Hügel** fertig und die Familie konnte einziehen. Das riesige Haus hatte 269 Räume. Allerdings war es nicht besonders gemütlich eingerichtet. Alfred Krupp wollte kein Holz, keine Wandteppiche und keine Bilder in der Villa. Er hatte große Angst vor Feuer. Außerdem durfte man die Fenster nicht öffnen, weil es eine Klimaanlage gab. Die funktionierte aber nicht richtig. Die Heizung

schaffte es nicht, die großen Räume zu erwärmen. Für den Park rund um die Villa ließ Alfred Krupp auch ausgewachsene Bäume anliefern und einpflanzen. Häufig besuchten ihn wichtige Leute. Sogar der **deutsche Kaiser** war mehrmals zu Gast.

Im Jahr 1887 starb Alfred Krupp. Er wurde 75 Jahre alt. Zuletzt war er sehr einsam, denn seine Frau Bertha war weggezogen. Er verließ die Villa Hügel kaum noch und schrieb seine Anweisungen am liebsten auf kleine Zettel, die seine Angestellten dann weitergaben. In seinem Todesjahr hatte seine Firma 20.000 Beschäftigte, davon arbeiteten über 13.000 in Essen. Das war eine sehr große Zahl. Fast die Hälfte aller Essener war von Krupp abhängig. Die Firma Krupp war das **größte Unternehmen Europas**.

Die Villa Hügel

Alfred Krupps Sohn **Friedrich Alfred** kaufte nicht nur weitere Zechen, Erzgruben und Kokereien, sondern auch eine Werft in Kiel an der Ostsee. In einer Werft werden Schiffe gebaut. Im Jahr 1902 hatte Krupp 42.000 Beschäftigte – doppelt so viel wie noch vor 15 Jahren.

In diesem Jahr starb Friedrich Alfred. Seine Frau Margarethe setzte sich danach sehr für Menschen ein, die nicht so viel Geld verdienten. Sie gab dem Architekten Georg Metzendorf den Auftrag, eine Siedlung mit vielen kleinen Häusern und Gärten zu bauen, in denen viele Menschen preiswert, aber schön wohnen konnten. Diese Siedlung ist die **Margarethenhöhe**. Margarethe ließ nicht nur Häuser, sondern auch einen Marktplatz, eine Schule und einen Sportplatz anlegen. Auch den Wald drumherum schenkte sie der hübschen Gartenstadt gleich dazu. Weil sie sich so sehr um die Menschen kümmerte, war Margarethe bei den Essenern sehr beliebt. Als sie 1931 mit 76 Jahren starb, kamen Tausende zu ihrer Beerdigung.

Margarethe und Friedrich Alfred Krupp

Margarethe und Friedrich Alfred hatten zwei Töchter. Die ältere hieß **Bertha**. Sie erbte die Firma, als ihr Vater starb, obwohl sie erst 16 Jahre alt war. Es war wichtig, dass sie einen Ehemann fand, der mit ihr die Firma Krupp weiterführen konnte. Zu Berthas Hochzeit

mit **Gustav von Bohlen und Halbach** kam sogar Kaiser Wilhelm II. (sprich: der Zweite) nach Essen. Er erlaubte, dass Gustav sich auch Krupp nennen durfte, obwohl er eigentlich kein Krupp war. Das zeigt, dass die Firma Krupp beim Kaiser einen sehr guten Ruf hatte.

Bertha und Gustav mit ihren sieben Kindern

Bertha und Gustav hatten insgesamt acht Kinder, sechs Jungen und zwei Mädchen. Ihr Sohn Arnold starb aber schon mit drei Monaten. Der älteste Sohn und Firmenerbe hieß **Alfried**. Auch er war sehr wichtig für die Firma Krupp. Über ihn erfährst du weiter hinten im Buch mehr.

Rate mal...

Wo sind die Krupps begraben?

a) in Steele
b) in Bredeney
c) in Altendorf

Lösung: Antwort b). Die Krupps sind auf dem Friedhof an der Westerwaldstraße in Bredeney beerdigt.

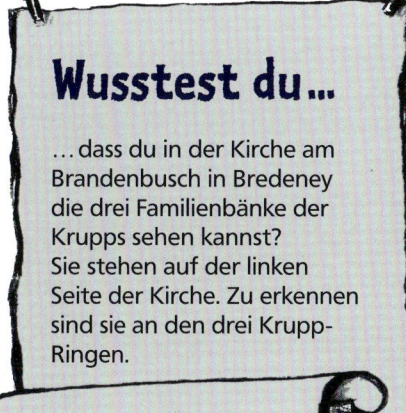

Wusstest du...

...dass du in der Kirche am Brandenbusch in Bredeney die drei Familienbänke der Krupps sehen kannst? Sie stehen auf der linken Seite der Kirche. Zu erkennen sind sie an den drei Krupp-Ringen.

Essen wächst und wächst und wächst

In Essen war etwa ab dem Jahr 1850 so richtig was los. Es war eine Zeit des Aufbruchs und der Veränderung. Wo vor Kurzem noch hauptsächlich Bauern auf den Feldern arbeiteten und Handwerker in kleinen Betrieben werkelten, ragten nun überall Zechenfördertürme und Schornsteine in den Himmel. Kreuz und quer liefen Schienen durch die Stadt, auf denen Kohlen, Eisenerz, Koks oder fertige Stahlteile transportiert wurden. Die Luft war belastet vom Rauch, der beim Verbrennen von Kohle entstand.

Die Erfolge der Firma Krupp und der Zechen führten dazu, dass immer mehr Menschen nach Essen zogen, um hier zu arbeiten. Die Einwohnerzahl verdoppelte sich zwischen 1850 und 1861 von 9000 auf 20.800. 1871 lebten schon 52.000 Menschen in Essen. 1896 waren es 100.000. Nun war Essen eine Großstadt. Und 1910 hatte die Stadt fast 300.000 Einwohner. Was für eine Steigerung!

Der Heckingsturm war der letzte Turm der Stadtmauer

Die **Stadtmauer** war längst überflüssig geworden. Seit 1823 riss man sie ab, der letzte Turm wurde 1865 zerstört. Aus dem ganzen Land kamen Menschen, die in Essen arbeiten wollten. Sie stammten aus dem Rheinland und aus Sachsen, kamen aber auch von weit her, zum Beispiel aus Schlesien, Posen und Ostpreußen. Diese Gegenden im Osten waren teilweise über 1000 Kilometer entfernt. Viele Menschen zogen auch aus Polen nach Essen. Heute erinnern noch viele Nachnamen an all diese Zuwanderer. Kennst du vielleicht jemanden, der Kaminski, Koslowski oder Szymaniak heißt?

Für die Menschen, die in ihrer Heimat meist auf Bauernhöfen gelebt hatten, bauten die Essener Zechenchefs in der Nähe der Zechen eigene Siedlungen. Von dort liefen die Bergleute zu

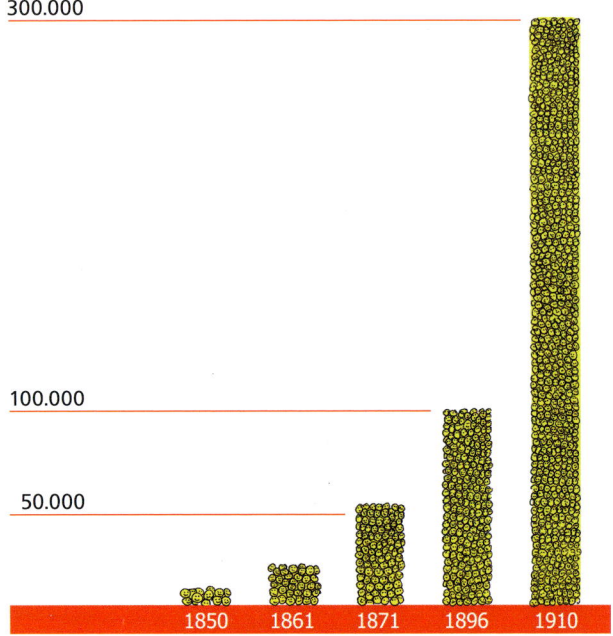

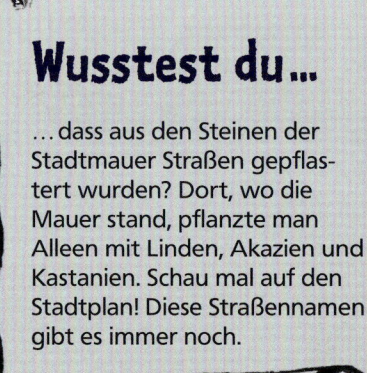

Wusstest du...

...dass aus den Steinen der Stadtmauer Straßen gepflastert wurden? Dort, wo die Mauer stand, pflanzte man Alleen mit Linden, Akazien und Kastanien. Schau mal auf den Stadtplan! Diese Straßennamen gibt es immer noch.

| 1600 | 1800 | 1850 | 1860 | 1870 | 1880 | 1890 | 1900 | 1950 | 1990 | 2000 | 2010 |

Fuß zur Arbeit. Dort wo sie wohnten, hielten sie oft Tiere, zum Beispiel eine Ziege oder ein Schwein, in einem Stall hinter ihrem Kotten. So nannte man die Häuser. In einer Zechensiedlung, **Kolonie** genannt, durften Familien nur wohnen, wenn der Vater auf der Zeche arbeitete. In den Gärten bauten sie Gemüse an, weil das billiger war, als es im Geschäft zu kaufen. Später züchteten viele Bergleute Brieftauben.

Weil immer mehr Menschen nach Essen zogen, musste sich die Stadtverwaltung um viele Dinge kümmern, vor allem um die Wohnungsnot. Nicht alle Arbeiterfamilien fanden bei Krupp oder nahe den Zechen eine Unterkunft. Viele hatten winzige **Wohnungen**, in denen sie mit all ihren Kindern lebten. Manchmal teilten sich Männer sogar ein Bett. Der eine schlief, wenn der andere arbeitete, und umgekehrt. Die Essener Altstadt mit ihren engen Gassen und den kleinen, mit Schiefer verkleideten Häusern bot kaum Platz für neue Wohnungen. So entstanden neue Häuser weiter nördlich, rund um den neu angelegten Kopstadtplatz und den Viehofer Platz.

Vieles musste organisiert werden. Die Menschen brauchten zum Beispiel **Wasser**. Die Wasserversorgung über die alte Kaupenleitung und die Brunnen reichte nun nicht mehr

aus. Deswegen baute man an der Ruhr ein **Wasserwerk** und pumpte das Wasser über Rohre in die Stadt. 1883 wurde ein Wasserturm im Osten der Stadt, auf dem Steeler Berg, errichtet. In ihm konnten 2000 Kubikmeter Wasser aufbewahrt werden. Für so viel Wasser bräuchte man weit über 10.000 Badewannen! Aus dem Wasserturm floss das Wasser zu verschiedenen Zapfstellen, von denen die Menschen das Wasser in Eimern in die Wohnungen trugen. Wasserhähne in den Wohnungen gab es erst später. Der Wasserturm an der Steeler Straße ist immer noch wichtig, damit wir ausreichend Trinkwasser haben.

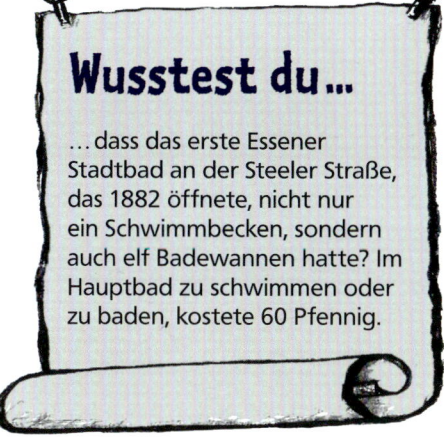

Wusstest du …

… dass das erste Essener Stadtbad an der Steeler Straße, das 1882 öffnete, nicht nur ein Schwimmbecken, sondern auch elf Badewannen hatte? Im Hauptbad zu schwimmen oder zu baden, kostete 60 Pfennig.

Für das verbrauchte, also das schmutzige Wasser baute die Stadt Kanäle und eine **Kläranlage**. Das war sehr wichtig, denn in Essen breiteten sich damals immer öfter Seuchen wie Pocken oder Cholera (sprich: Kolera) aus. Warum? Die Menschen wohnten eng beieinander und kippten Küchenabfälle und Abwasser, in dem sich oft Krankheitserreger befanden, einfach irgendwo hin. In der neuen Kläranlage wurde das Wasser nun gereinigt und dann in den Fluss Berne geleitet. Von dem Fluss sah man in der Innenstadt bald nichts mehr: Er wurde zugemauert und dadurch zu einem unterirdischen Kanal. Trotzdem war das Problem des Abwassers längst nicht gelöst. Die Kläranlage war bald überlastet, weil aus den Fabriken so viel schmutziges Wasser kam.

Kinder spielten oft an der schmutzigen Berne

Im Norden von Essen floss die schmutzige Berne in den Fluss Emscher, der sehr viele Kurven hatte. Dort lagerte sich stinkender Schlamm ab, nicht nur aus Essen, sondern auch aus anderen Städten. Erst die neu gegründete Emschergenossenschaft schaffte es ab 1906, die Emscher zu begradigen. Von nun an war sie der Abwasserkanal des Ruhrgebiets.

Die Angst vor Seuchen und Krankheiten führte auch dazu, dass Essen einen **Schlachthof** bekam. Bislang hatten die Metzger Schweine und andere Tiere dort geschlachtet, wo sie das Fleisch später auch verkauften: mitten in der Stadt. Blut und Schlachtabfälle flossen durch die Rinnsteine. Ab 1885 wurden alle Tiere an einem Ort, nämlich dem Schlacht- und Viehhof an der Lützowstraße, geschlachtet. Dort untersuchten Tierärzte auch das Fleisch. So landete kein Fleisch kranker Tiere mehr in den Läden.

Licht brauchten die Menschen auch. Früher benutzten sie Kerzen, wenn es dunkel wurde, später dann Öllampen. Seit man aber aus Kohle Koks machen konnte, gab es eine neue Energiequelle: das Leuchtgas. Dieses Gas entstand beim Verkoken von Kohle in den Kokereien. Das Gaswerk der Stadt ließ von nun an Straßen und Plätze mit Gaslaternen beleuchten und lieferte das Gas durch Leitungen auch in die Häuser der Menschen. 1865 standen in Essen 176 Laternen. Laternenmänner zündeten jede einzeln an. Das Gas- und das Wasserwerk schlossen sich kurz darauf zusammen. Heute nennt man sie die „Stadtwerke". Die Firma Krupp hatte übrigens ein eigenes Gas- und Wasserwerk.

Seit dem Jahr 1898 gibt es in Essen auch eine Firma, die Strom aus Kohle erzeugt. Ihr Name: RWE. RWE baute ein Kraftwerk direkt neben die Zeche Victoria Mathias nahe dem Viehofer Platz. Früher hieß das Unternehmen Rheinisch-Westfälisches Elektrizitätswerk. Heute ist RWE ein großes Energieunternehmen, das Strom auch aus erneuerbaren Energien erzeugt. Du kennst bestimmt den hohen runden RWE-Turm nahe der Innenstadt, oder?

Die Berne kannst du in der Innenstadt mit Hilfe von zwei Straßennamen wiederfinden. Die Straßen heißen Am Bernewäldchen und Bernestraße. Im Norden der Stadt fließt die Berne oberirdisch, zum Beispiel im Nordpark. Die Emscher soll bald wieder ein sauberer Fluss sein. Für das Abwasser werden Kanäle unter der Erde gebaut.

Wusstest du...

... wie ein Kohlekraftwerk funktioniert? In einem Heizkessel wird Kohle verbrannt. Die Wärme, die dabei entsteht, erhitzt Wasser. Dabei entwickelt sich Wasserdampf. Der Dampf treibt die Schaufeln einer Turbine an. Die Turbine ist mit einem Generator verbunden. Dieser wandelt die Energie der sich drehenden Turbine in Strom um.

Die Straßenbahnen hielten auch am Markt auf dem Kopstadtplatz

Wo so viele Menschen wohnten, brauchte man natürlich auch **Verkehrsmittel**. 1862 bekam Essen endlich einen Hauptbahnhof, an dem Züge der Bergisch-Märkischen Eisenbahn hielten. Abgekürzt hieß er HB, was die Menschen belustigt als „Holzbude" übersetzten. Ab 1893 gab es auch Straßenbahnen in Essen. Die ersten fuhren nach Altenessen und Borbeck. Bald sah man dann die ersten Autos in der Stadt.

Kannst du dir vorstellen, dass es bis 1886 in ganz Essen kein einziges **Telefon** gab? Dann bekamen 36 Firmen und reiche Privatleute einen Anschluss. 14 Jahre später gab es schon über 1000 Telefonanschlüsse in Essen. Vor dieser Zeit konnten die Menschen nur einen Brief oder ein Telegramm schreiben, wenn sie jemandem, der in einer anderen Stadt war, etwas mitteilen wollten. In der Essener Telegrafenstation wurden Telegramme mit einem Morseapparat empfangen und abgeschickt.

Du bist dran!

Das Morse-Alphabet besteht aus langen und kurzen Signalen. Besorge dir das Morse-Alphabet, zum Beispiel im Internet, und buchstabiere deinen Namen mit Klopfzeichen.

Diese Kinder gingen in den evangelischen Kindergarten in Katernberg

In den **Schulen** hatten die vielen zugezogenen Kinder kaum Platz zum Lernen. Oft gab es nur ein einziges Klassenzimmer, in dem über 100 Kinder unterrichtet wurden. Die Lehrer teilten die Kinder auf: Die Hälfte kam vormittags, die Hälfte nachmittags. Um die Massen von Kindern aufzunehmen, die mit ihren Eltern nach Essen zogen, baute man zunächst einzelne Klassenzimmer an die Schulen an. Bald wurden aber überall in der Stadt neue Schulen gebaut.

Kinder gingen in der Regel acht Jahre lang auf eine Volksschule. Für viele war dann die Schulzeit vorbei. Eine höhere Schule konnte immer nur ein Teil der Schüler besuchen. Auch von diesen Schulen gab es in den folgenden Jahren immer mehr. Ein Beispiel: Das Realgymnasium, seit 1899 an der Heinickestraße, heißt heute Helmholtz-Gymnasium und liegt an der Rosastraße in Rüttenscheid. Weitere neugegründete Schulen waren die Goetheschule und die Gymnasien in Steele und Borbeck. Für Mädchen gab es später die Luisenschule und die Viktoriaschule.

Gustav Hache

Weil Essen nun eine so große Stadt war, durfte sich der Bürgermeister jetzt Oberbürgermeister nennen. Der erste hieß **Gustav Hache**. Erst 1843 hatte die Stadtverwaltung ein neues Rathaus bekommen, doch nach 30 Jahren war es bereits zu klein. Der Grund war, dass immer mehr Verwaltungsangestellte die wichtigen Dinge in der Stadt regeln mussten. So wurde ab 1878 ein neues Rathaus mit einem 65 Meter hohen Turm gebaut, wieder an der gleichen Stelle gegenüber der Marktkirche. Dieses Rathaus hat später sogar Kriege überstanden, doch trotzdem kannst du es heute nicht mehr ansehen. Im Jahr 1964 ließ die Stadtverwaltung es abreißen. An seiner Stelle wurde ein Kaufhaus gebaut.

Wusstest du...

...dass es schon 1848 den ersten Kindergarten in Essen gab? Die Kinder wurden in einer umgebauten Scheune des evangelischen Pfarramtes nahe der Marktkirche betreut. Das Wort „Kindergarten" gab es noch nicht. Stattdessen hieß es „Warteschule".

Das zweite Rathaus war schon nach 30 Jahren zu klein

Das dritte Rathaus hatte einen hohen Turm

Essen brauchte mehr Platz. Da hatte Oberbürgermeister **Erich Zweigert** eine gute Idee:
Er wollte die kleinen eigenständigen Orte rund
um Essen eingemeinden. Das bedeutete, sie
sollten sich mit der Stadt Essen zusammentun.
Den Anfang machten Altendorf, Frohnhausen
und Holsterhausen (1901), dann folgte Rüttenscheid (1905). Erich Zweigert wollte für Essen
vor allem neues Land, auf dem man Häuser
und Wohnungen bauen konnte.

Erich Zweigert

Er dachte aber auch
daran, dass die Men-
schen Grünflächen
brauchten, um dort
spazieren zu gehen
und sich zu erholen.
Deswegen kümmerte
er sich darum, dass
Essen einen Stadtwald
bekam.

Der Stadtplaner
Robert Schmidt fand
Grün auch sehr wich-
tig für die Menschen.
Er plante Siedlungen
wie den Haumannshof
in Rüttenscheid und
das Moltkeviertel mit
vielen Privatgärten
und großen Wiesenflä-
chen. Dort wohnten Beamte und Angestellte
der Stadt.

Robert Schmidt

Der Stadtrat beschloss im Jahr 1905, in Essen
ein **Krankenhaus**, die Städtischen Krankenan-
stalten, zu bauen. Es heißt heute Universitäts-
klinikum und liegt in Holsterhausen. Außerdem
gab es das Elisabeth-Krankenhaus, das katholische Ordensschwestern 1844 in einem ehemaligen Kloster in der Altstadt eröffnet hatten,
das Krupp-Krankenhaus und das evangelische
Krankenhaus Huyssens-Stift. Der ehemalige
Bürgermeister Heinrich Huyssen hatte den Bau
bezahlt. Das Elisabeth-Krankenhaus und das
Huyssens-Stift zogen später aus der Innenstadt
in neue, größere Gebäude in Huttrop.

Eins war den Ärzten in Essen damals besonders
wichtig: Sie wollten erreichen, dass nicht mehr
so viele Babys nach der Geburt starben. Deswegen ermunterten sie die Mütter, ihre Kinder
lange zu stillen, und
untersuchten kosten-
los alle Säuglinge.

Du bist dran!

Erich Zweigert, Robert
Schmidt, Heinrich Huyssen
und Wilhelm Holle haben
einen Straßennamen
bekommen, weil sie so viel
Gutes für die Stadt getan
haben. Suche die Straßen
auf dem Stadtplan!

Das Stadtbild von Essen veränderte sich. Oberbürgermeister **Wilhelm Holle** war stolz auf die Entwicklung, die Essen hinter sich hatte. Die Stadt sollte zum Zentrum des Ruhrgebiets werden. Viele schöne, neue Gebäude wurden in den Jahren zwischen 1890 und 1914 gebaut. Ein paar Beispiele siehst du am unteren Bildrand.

Essen hatte nun auch ein städtisches **Orchester**, eine Messe, ein großes Warenhaus (Althoff, später hieß es Karstadt), einen Stadtgarten und eine Stadtbücherei. Trotzdem wirkte die Stadt auf viele Besucher nicht sehr einladend. Sie sahen vor allem die Schornsteine, die Zechen und den vielen Rauch, nicht aber die neuen Plätze und Parks, die gepflasterten Straßen, die neuen Kirchen und die frisch gepflanzten Bäume in den Alleen. Inzwischen gehörten auch Huttrop, Rellinghausen, Bergerhausen und Fulerum zu Essen dazu.

Im Jahr 1914 war der **Rhein-Herne-Kanal** fertig. Ein Kanal ist eine künstliche, von Menschen gebaute Wasserstraße. Der Kanal im Norden von Essen war sehr wichtig, denn durch ihn war die Stadt nun direkt mit dem Dortmund-Ems-Kanal und dem Duisburger Hafen verbunden. Bis heute transportieren Schiffe Kohle, Stahl und viele andere Dinge auf dem Kanal. Im Essener **Stadthafen** werden Güter ein- und ausgeladen.

Vieles war damals in Essen neu, aber das Leben der **Bergleute** hatte sich kaum verändert. Viele von ihnen litten unter den schlechten Arbeitsbedingungen „unter Tage". Sie arbeiteten zum Beispiel weit über acht Stunden pro Tag. Ihr Lohn wurde nur unregelmäßig erhöht. Und wenn sie einen Wagen nicht richtig mit Kohle

Die Arbeit der Bergleute „unter Tage" war sehr anstrengend und auch gefährlich

gefüllt hatten, bekamen sie eine Strafe. Tief unter der Erde zu arbeiten, war auch gefährlich. Schon ein kleiner Funke konnte eine Explosion auslösen, denn beim Abbau von Kohle entweicht ein Gas aus dem Gestein. Es heißt **Methangas**.

Grillo-Theater   Hauptbahnhof   Hauptpost   Saalbau

Die Bergleute waren manchmal so unzufrieden, dass sie nicht zur Arbeit kamen, sondern streikten. So wollten sie ihre Forderungen nach besseren Arbeitsbedingungen durchsetzen. Doch die Zechenchefs blieben meist hart. Sie holten Polizisten und Soldaten zu Hilfe und drohten den Streikenden, sie zu entlassen.

Die Bergleute hatten auch aus einem anderen Grund Angst um ihren Arbeitsplatz. Die ersten kleinen Zechen wurden geschlossen, weil sie gegen die großen Zechenanlagen keine Chance hatten. Außerdem gab es neue technische Erfindungen. Im Jahr 1900 bauten die Arbeiter die Kohle schon mit Presslufthämmern ab.

Neu waren auch die **Schrämmmaschinen**. Das sind riesige Maschinen, die die Kohle aus dem Flöz herauskratzen. Elektrische Wagen (Loren) ersetzten allmählich die **Grubenpferde**. Diese Pferde transportierten unter der Erde die Kohle zum Schacht. Ein paar Jahre später hörten viele Bergarbeiter für längere Zeit auf zu arbeiten: Sie wurden Soldaten.

Schreib mir an:
max@essenfuerdich.de

Handelshof   *Kopstadtplatz*   *Synagoge*

Die wackelige Demokratie

Die Krupp-Kanone „Dicke Berta" war berühmt

Wir leben seit vielen Jahrzehnten in einem Land, in dem kein Krieg herrscht. Vor etwa 100 Jahren sah das in Deutschland noch ganz anders aus. Gerade zu der Zeit, in der Essen eine aufblühende Großstadt geworden war, bekämpften sich viele Menschen im **Ersten Weltkrieg**. Es war das Jahr 1914. Die Deutschen kämpften zunächst gegen Russland, Frankreich und Großbritannien, später auch noch gegen andere Länder.

Du wirst es vielleicht nicht glauben, aber damals freuten sich viele Menschen darüber, dass der deutsche Kaiser Wilhelm II. (sprich: der Zweite) den Krieg erklärt hatte. Viele Männer mussten nun ihre Arbeitsstätte verlassen und als Soldaten kämpfen. Andere meldeten sich begeistert freiwillig zum Kriegsdienst, manchmal waren es ganze Schulklassen. Sie wollten den gegnerischen Ländern zeigen, wie mächtig Deutschland war. Da wussten sie noch nicht, wie schlimm ein Krieg ist und welche Folgen er hat.

Im Krieg fehlten bei Krupp und in den Zechen viele Arbeiter, weil sie Soldaten geworden waren. Deswegen mussten nun Frauen, Jugendliche und Kriegsgefangene mithelfen. Denn gerade jetzt brauchte die Armee viele Waffen. Für die Firma Krupp war das gut. Sie verkaufte viele Geschütze, Kanonen und Granaten. Granaten sind Geschosse aus Metall, die mit Sprengstoff gefüllt sind. Berühmt war damals Krupps „Dicke Berta". Das war eine Art Kanone, die schwere Granaten 14 Kilometer weit feuern und dicke

Mauern zerstören konnte. In Kiel an der Ostsee baute Krupp U-Boote. Als der Krieg anfing, arbeiteten 42.000 Menschen bei Krupp in Essen, bei Kriegsende vier Jahre später waren es 111.000.

Zwar gab es in Essen keine Kämpfe, doch wirkte sich der Krieg auf die Versorgung mit Lebensmitteln aus. Weil es nicht genug zu essen gab, bekamen die Menschen **Lebensmittelkarten**. Damit durften sie Brot und andere Dinge einkaufen, aber immer nur eine bestimmte Menge und nicht mehr. Ein harter Winter führte dazu, dass die Kartoffeln knapp wurden. Als Ersatz aßen die Menschen Rüben. Sie machten sogar Kaffee und Marmelade daraus. Viele Familien hungerten, Kinder wurden krank, manche starben auch. Weil viele Menschen unzufrieden waren, protestierten und streikten sie. Sie wollten Frieden, sie wollten keinen Hunger mehr leiden.

Der Erste Weltkrieg und seine Folgen

1600	1800	1900	1910	1920	1930	1940	1950	1990	2000	2010

Im Jahr 1918 besuchte Kaiser Wilhelm II. (links) Firmenchef Gustav Krupp (rechts, mit Hut) in seiner Fabrik

Im Jahr 1918 war der Krieg zu Ende, doch ruhig wurde es in der Stadt nicht. Im Gegenteil. Deutschland hatte den Krieg verloren und war nicht länger ein Kaiserreich. Kaiser Wilhelm II. musste auf den Thron verzichten und zog nach Holland. Der Firma Krupp war es verboten, weiter Waffen zu bauen. Firmenchef Gustav

Krupp von Bohlen und Halbach musste sich neu überlegen, was er produzieren sollte. Das Unternehmen stellte nun neben Lokomotiven auch Lastwagen, Motorroller, Schreibmaschinen und Kassen für Geschäfte her.

In Essen waren – wie überall im Land – inzwischen viele Menschen Mitglied in einer politischen Partei. Sie hatten verschiedene Meinungen, wie Deutschland nun regiert werden sollte. Deswegen gab es auch unterschiedliche Parteien, die viel miteinander stritten. Immer wieder streikten die Arbeiter, um zu zeigen, dass sie mehr Rechte und bessere Arbeitsbedingungen haben wollten. Soldaten der Regierung kamen nach Essen, um gegen sie zu kämpfen. Es war eine sehr unruhige Zeit in der Stadt. Im Jahr 1920 starben sogar viele Menschen bei Kämpfen am Wasserturm an der Steeler Straße.

Dass Deutschland den Krieg verloren hatte, traf die Menschen hart. Es herrschte Not und Elend. Die Firma Krupp musste Arbeiter entlassen, weil sie keine Kanonen und andere Dinge, die im Krieg nötig waren, mehr herstellen durfte. Auch die Maschinen, die die Kriegsgüter produziert hatten, durfte Krupp nicht behalten. 9000 Maschinen wurden abgebaut und aus Essen wegtransportiert.

Dagegen arbeiteten in den Zechen immer mehr Menschen. Deutschland musste Kohle an die Kriegsgewinner liefern: an Frankreich, Belgien und Italien. Die Franzosen achteten genau darauf, dass die Liefermenge stimmte. Als zu wenig Kohle bei ihnen ankam, besetzten sie Essen und andere Städte des Ruhrgebiets mit Panzern und Soldaten und blieben zweieinhalb Jahre hier. Für die Essener war das eine schlimme Zeit. Sie waren ziemlich wütend auf die Franzosen, konnten sich aber nur auf eine

Art wehren: Sie arbeiteten langsam oder gar nicht. Das nennt man „passiven Widerstand".

Deutschland hatte nach dem Krieg viele Schulden. Die Regierung ließ immer mehr Geldscheine drucken. Dann verlor das Geld an Wert. Alles wurde teurer, in immer kürzerer Zeit. Im Sommer 1923 mussten die Essener 1600 Mark für ein Brot bezahlen, im November 233 Milliarden Mark. Verrückt, oder? Einen solchen Geldverfall nennt man **Inflation**. Die Menschen liefen sofort, wenn sie ihren Lohn bekommen hatten, in die Läden, um einzukaufen, denn schon eine Stunde später war alles schon wieder teurer. Das änderte sich erst, als die Regierung in Berlin neues Geld – die Rentenmark – einführte.

Trotz aller Probleme ist in Essen in jenen Jahren aber auch viel Schönes passiert: Zum Beispiel gelang es dem Oberbürgermeister Hans

Im Sommer 1923 bezahlten die Menschen mit solchen Geldscheinen

Karl Ernst Osthaus

Luther, eine berühmte Kunstsammlung nach Essen zu holen. Ein reicher Mann aus Hagen – er hieß **Karl Ernst Osthaus** – hatte in seinem Leben viele teure Bilder von bekannten Malern gesammelt. Nach seinem Tod kaufte die Stadt Essen die Sammlung und eröffnete für sie 1922 das **Museum Folkwang**.

Folkwang war aber damals nicht nur der Name eines Museums. Wenn die Menschen Folkwang hörten, dachten sie an große Kunst. So kam es, dass eine neue Schule, an der Musiker, Tänzer und Schauspieler ausgebildet werden sollten, 1927 ebenfalls den Namen Folkwang bekam. Die Gründer der Schule waren der Meinung, dass alle Künste zusammengehören und deswegen auch unter einem Dach unterrichtet werden sollten.

Du bist dran!

Das Museum Folkwang ist bis heute ein bedeutendes Kunstmuseum in Deutschland. Im Museum gibt es auch Angebote für Kinder und Jugendliche. Du kannst an einer Kinderführung teilnehmen, mit Künstlern gemeinsam an einem Projekt arbeiten oder dich zum „Kunstbotschafter" ausbilden lassen. Hast du Lust dazu?

Heute findest du die **Folkwang Universität** in der ehemaligen Benediktinerabtei in Werden.

Noch immer zogen Menschen nach Essen. Schon seit 1915 gehörten nun auch Borbeck, Altenessen, Haarzopf und Bredeney zur Stadt dazu. Stadtplaner hatten viel zu tun, denn die Menschen mussten schließlich alle irgendwo wohnen, arbeiten, einkaufen und sich erholen können. Die Kinder brauchten Kindergärten, Schulen und Spielplätze. Seit 1925 hatte Essen auch einen **Flughafen**.

Der Stadtplaner Robert Schmidt fand, dass Essen und seine Nachbarstädte am besten gemeinsam überlegen könnten, wo Wohngebiete, grüne Flächen und Straßen angelegt werden sollen – schließlich lag im Ruhrgebiet alles so eng beieinander. Diese Aufgabe übernahm der Siedlungsverband Ruhrkohlenbezirk. Robert Schmidt wurde der Chef. Heute heißt der Verband **Regionalverband Ruhr** (RVR).

Wusstest du...

…dass der Begriff Folkwang so viel wie „die Halle des Volkes" heißt. Er taucht in nordeuropäischen Sagen auf. Karl Ernst Osthaus wollte, dass sich im Museum Menschen aller Art, ob arm oder reich, begegneten.

Diese Städte gehören heute zum Regionalverband Ruhr (RVR)

Weil Essen so wuchs, waren **Architekten** sehr gefragt. Sie entwickelten viele Ideen für neue, große Gebäude in der Innenstadt. Zu diesen Architekten zählten Edmund Körner, Georg Metzendorf, Ernst Bode und Alfred Fischer. Wichtige Häuser, die damals gebaut wurden, siehst du hier:

Auch der **Grugapark** und der **Baldeneysee** stammen aus jener Zeit. Gruga ist die Abkürzung für „Große Ruhrländische Gartenbau Ausstellung". Der Park war erst eine Gartenschau (1929) und entwickelte sich in den Jahren danach zu einem Erholungspark für alle Essener. Zwischen Werden und Kupferdreh

Haus der Technik   *Deutschlandhaus*   *Blumhaus (heute P&C)*

Kino Lichtburg   *Glückaufhaus*   *Kaufhaus Althoff (später Karstadt)*

Im Jahr 1929 wurde Essen die sechstgrößte Stadt Deutschlands. Alle kleinen Orte rund um die Stadt, die bislang noch nicht eingemeindet worden waren, kamen nun zu Essen dazu. Es waren: Werden, Werden Land, Heisingen, Kupferdreh, Steele, Kray, Frillendorf, Überruhr, Schonnebeck, Stoppenberg, Katernberg und Karnap. Vor allem Steele und Werden waren damit nicht einverstanden, weil sie unabhängig bleiben wollten. Doch ihr Protest hatte keinen Erfolg. Essen hatte jetzt rund 650.000 Einwohner.

entstand der Baldeneysee. Aus der Luft sieht er aus wie eine Banane. Doch wie „baut" man einen See? Ganz einfach: Das Wasser der Ruhr wird an einem Wehr gestaut. Durch Öffnungen in der Wehrmauer wird es weiter in den tieferliegenden Fluss geleitet. Der Baldeneysee war in erster Linie wichtig dafür, dass die Essener sauberes Trinkwasser aus der Ruhr hatten. Doch schnell entdeckten die Menschen, wie schön man an seinem Ufer spazieren gehen und wie gut man auf ihm segeln kann. Der See ist ein beliebtes Ausflugsziel – bis heute.

Viele Arbeiter halfen, die Ruhr zum Baldeneysee aufzustauen. Hinten siehst du die Zeche Carl Funke

Die 1920er Jahre werden auch die „**Goldenen Zwanziger**" genannt. Wer genügend Geld besaß, konnte das Leben in Essen in vollen Zügen genießen. Es gab Tanzlokale in der Stadt, die Menschen gingen gern ins Theater und ins Kino, sie hörten amerikanische Musik im Radio.

Wie du bereits weißt, war Deutschland jetzt kein Kaiserreich mehr. Unser Land war zum ersten Mal eine **Demokratie**. Das Wort kommt aus dem Griechischen und heißt „Herrschaft des Volkes". Das bedeutet zum Beispiel: Alle Bürger eines Landes haben die gleichen Rechte und Pflichten. In jeder Stadt, auch in Essen, wählten die Menschen Politiker, von denen sie regiert werden wollten. Zum ersten Mal hing das Wahlrecht nicht davon ab, wie viel Geld man besaß, und zum ersten Mal durften auch Frauen wählen.

Doch die Demokratie in Deutschland hatte es schwer. Es gab viele Menschen, die unzufrieden mit den regierenden Politikern waren.

In den Zechen wurden viele Bergleute entlassen, weil es nun bessere Technik gab, die die Arbeit vieler Menschen übernahm. Aber auch andere Betriebe entließen ihre Mitarbeiter, weil sie wegen einer großen Wirtschaftskrise zu wenig Aufträge bekamen. In Essen geriet eine große Zahl von Familien in Not. 1929 gab es 28.000 und 1933 79.000 **Arbeitslose** in der Stadt. Sie bekamen vom Staat nur wenig Geld, so dass sie gerade mal ihre Miete und ein paar Lebensmittel für die Familie bezahlen konnten. Für Kleidung, Urlaub, Spielzeug oder Möbel blieb kaum etwas übrig.

In dieser Zeit gab es Parteien, die den Menschen versprachen, dass sie alles besser machen würden, wenn sie an der Macht wären. Immer mehr Menschen glaubten den Versprechungen, weil sie in so großer Not lebten. So kam es, dass die Parteien, die gegen die Demokratie waren, bei den Wahlen immer mehr Stimmen bekamen. Eine dieser Parteien war die NSDAP – die **Nationalsozialistische Deutsche Arbeiterpartei**.

Die Gruga wurde 1929 als große Gartenschau eröffnet

Die Diktatur und der Weg in den Krieg

Von 1933 bis 1945 waren die Nationalsozialisten in Deutschland an der Macht. Adolf Hitler war ihr Anführer. In dieser Zeit sind überall im Land schlimme Dinge passiert. Adolf Hitler regierte als **Diktator** und nannte sich „der Führer".

Adolf Hitler

Hitler nutzte die Not und die Unzufriedenheit der Menschen aus, um an die Macht zu kommen. Er war ein sehr guter Redner und versprach den Menschen, dass es allen Deutschen bald besser gehen und die Welt sie in Zukunft wieder bewundern werde. Bis auf seine eigene Partei, die NSDAP, verbot Hitler alle anderen Parteien. Er glaubte, dass bestimmte Menschen mehr Rechte hätten als andere. Außerdem machte er die Juden dafür verantwortlich, dass es in Deutschland viele arme und arbeitslose Menschen gab. Obwohl die Juden gar nichts dafür konnten, wurden sie verfolgt und in **Konzentrationslager** gebracht. Sehr viele wurden ermordet.

Wusstest du...

...dass in einer Diktatur einer oder ein paar wenige Menschen über viele regieren? Ein Diktator lässt seine Gegner verfolgen, einsperren und oft auch töten.

Wer sind Juden?

Das Judentum ist viel mehr als nur eine Religion. Die Synagoge ist für Juden ein Ort der Versammlung, an dem sie sich zu vielen Veranstaltungen treffen, auch für Gottesdienste. Bei den Christen ist ein solcher Bau ein „Gotteshaus" – bei den Juden „ein Haus der Versammlung". Christen gehen in die Kirche, Muslime in die Moschee. Diese Unterschiede sind nicht immer leicht zu verstehen. Alle Juden zusammen sind das jüdische Volk. Im Jahr 1933 lebten etwa 4700 Juden in der Stadt.

Auch in Essen wehte seit März 1933 eine rote Fahne mit einem weißen Kreis und einem schwarzen Hakenkreuz darin auf dem Dach des Rathauses. Das Hakenkreuz war das Zeichen der Nationalsozialisten.

Am Rathausbalkon hing die Fahne der NSDAP

Politiker anderer Parteien hatten nichts mehr zu sagen, sie wurden sogar verhaftet. Dies traf vor allem die Kommunisten und die Sozialdemokraten. Nicht nur der Oberbürgermeister, sondern auch die Chefs im Museum Folkwang, in der Stadtbücherei oder anderswo, zum Beispiel in vielen Schulen, mussten gehen. In ihre Büros zogen Hitler-Anhänger. Viele andere Menschen passten sich an, um ihre Arbeit behalten zu können. Der Burgplatz bekam einen neuen Namen: Er hieß jetzt **Adolf-Hitler-Platz**. Und die Kettwiger Straße war nun die Adolf-Hitler-Straße. Auf dem Gerlingplatz ließen die Nationalsozialisten im Juni 1933 Bücher von Schriftstellern verbrennen, deren Meinung ihnen nicht passte. 18.000 Bücher wurden aus den Regalen der Stadtbücherei ausgeräumt, vernichtet oder weggeschlossen.

Auf dem Gerlingplatz verbrannten die Nationalsozialisten Bücher

Auch für die Kinder und Jugendlichen hatten die Nationalsozialisten genau festgelegte Ziele. Ab ihrem zehnten Geburtstag gehörten Kinder zum „**Jungvolk**" oder zum „**Jungmädelbund**". Sobald sie 14 waren, verbrachten Jungen ihre Freizeit in der „**Hitler-Jugend**" (HJ), Mädchen gingen zum „**Bund Deutscher Mädel**" (BDM). Mit spannenden Sport- und Freizeitangeboten versuchten die Nationalsozialisten, die Kinder und Jugendlichen auf ihre Seite zu ziehen. Andere Kinder- und Jugendverbände wurden verboten.

Jungen waren Mitglied in der Hitler-Jugend (HJ)

Ein zentraler Treffpunkt war das „Haus der Jugend" in der Hammacherstraße. Die Jungen trieben viel Sport, verbrachten ihre Zeit in Zeltlagern und lernten, wie Soldaten zu marschieren. Mädchen sollten später eine gute Ehefrau und Mutter sein, fanden die Nationalsozialisten. Deswegen lernten die Mädchen zum Beispiel nähen und kochen. Sie sollten später für ihre Kinder da sein und ihren Mann unterstützen. Dass Frauen einen Beruf erlernen, war den Nationalsozialisten nicht wichtig.

In den Schulen hing in jeder Klasse ein Hitler-Foto. Statt „Guten Morgen" zu sagen, mussten die Kinder stramm stehen, den rechten Arm ausstrecken und „Heil Hitler" rufen. Im Unterricht ging es vor allem darum, zu gehorchen und ordentlich zu arbeiten. Kinder wurden nicht gelobt, wenn sie eine eigene Meinung hatten – im Gegenteil: Sie mussten sich in die Ecke stellen oder Strafarbeiten erledigen.

Terror und Gewalt

Erwachsene, die den Nationalsozialisten nicht gehorchten oder anders dachten als sie, bekamen die Folgen zu spüren. Hilfspolizisten verprügelten viele Menschen, schüchterten sie ein, nahmen sie fest oder machten sie zum Gespött der Leute. Besonders schlimm traf es aber die **Juden**.

Jüdische Kinder durften nicht mehr auf eine höhere Schule gehen. Die Nationalsozialisten forderten die Essener auch auf, nicht in jüdischen Geschäften einzukaufen. Das große Kaufhaus Blum an der Kettwiger Straße war ein solches Geschäft. 1938 wurde es seinen Besitzern weggenommen. Genauso erging es der Familie Hirschland, die eine Bank besaß, und dem Schuhhaus Samson.

In diesem Jahr steckten die Nationalsozialisten auch die Synagoge am Steeler Tor (heute Steeler Straße) in Brand. Sie verboten der herbeieilenden Feuerwehr sogar, die Flammen zu löschen. Stattdessen mussten die Feuerwehrleute auf Befehl die Fenster einschlagen, um den Brand zu beschleunigen. Auch die Synagoge in Steele und das jüdische Jugendheim brannten nieder.

Juden mussten einen gelben Stern tragen

Viele Juden verließen Essen und wanderten aus. Die, die blieben, mussten auf der Straße einen gelben Stern an ihrer Kleidung tragen, damit alle anderen sahen, dass sie Juden waren. Sie lebten in Judenhäusern und später im Lager Holbeckshof in Steele, in dem sich sechs Personen einen kleinen Raum teilten.

Ab 1941 wurden die letzten Essener Juden mit Zügen in weit entfernte Konzentrationslager gebracht, wo fast alle getötet wurden. Etwa 2650 jüdische Essener haben den Nationalsozialismus nicht überlebt. Ihre Verfolgung war ein besonders schlimmes Verbrechen. Den Massenmord an den Juden in ganz Europa nennt man auch **Holocaust**. Auch andere Menschen, zum Beispiel Sinti und Roma, Homosexuelle oder Behinderte, wurden misshandelt, verfolgt oder getötet.

Die Essener sahen meist tatenlos zu, wenn die Juden ausgegrenzt, ausgeplündert oder abtransportiert wurden. Warum? Nun, manche hatten Vorurteile gegen Juden. Sie wollten nichts mit ihnen zu tun haben, beschimpften sie sogar oder verrieten ihre Verstecke. Andere waren gleichgültig oder hatten Angst, etwas zu unternehmen, weil sie dann auch verfolgt worden wären. Denn die Nationalsozialisten hatten ihre Spitzel überall und bekamen schnell mit, wenn jemand etwas Verbotenes tat.

Heinrich Held schrieb Texte gegen die Nationalsozialisten

Doch es gab auch Menschen, die nicht mit Hitler einverstanden waren. Einige mutige Menschen leisteten **Widerstand**. Dazu zählten zum Beispiel die Geistlichen **Heinrich Held** aus Rüttenscheid und **Carl Klinkhammer** aus Altenessen und der Sozialdemokrat **Gustav Streich**. Heinrich Held, zum Beispiel, war evangelisch. Zusammen mit anderen schrieb er viele Texte gegen die

Nationalsozialisten und verteilte sie. Das war verboten und sehr gefährlich.

Vielleicht fragst du dich: „Warum waren so viele Essener mit Hitler einverstanden?" Die Antwort ist nicht so leicht. In der Zeit, als die Nationalsozialisten an die Macht kamen, ging es der Wirtschaft wieder besser. Das bedeutete, dass die Firmen wieder mehr Aufträge bekamen und Leuten Arbeit gaben. So gab es immer weniger Arbeitslose. In Essen wurden neue Wohnungen und Siedlungen am Stadtrand gebaut und neue Straßen angelegt. Für dies alles brauchte man viele Arbeiter. In den Zechen ging es aufwärts und auch die Firma Krupp stellte mehr Arbeiter ein, weil in Deutschland viel Stahl benötigt wurde, zum Beispiel für den Bau von Brücken oder Flugzeugen. Krupp selbst produzierte vor allem Lokomotiven, Bagger, Lastwagen, Motoren und

Du bist dran!

An vielen Orten in Essen sind Stolpersteine in die Bürgersteige eingelassen. Rund 200 Steine sollen an die Menschen erinnern, die verfolgt und ermordet wurden. In die Messingtafeln sind Namen eingraviert. Weißt du, wo ein Stolperstein liegt? Mach dich auf die Suche und lies dir den Text auf dem Stein durch. Ein Beispiel: In der Marktstraße in Borbeck erinnern zwei Steine an die Juden Hugo und Jenny Hirsch.

Maschinenteile, doch ab 1934 baute die Firma auch wieder Geschütze und andere Waffen.

Adolf Hitler wollte eine Armee mit modernen Waffen. Bei den Nationalsozialisten hatte die Firma Krupp den Ruf einer Waffenfabrik. Hitler besuchte den Krupp-Chef **Gustav Krupp von**

Als der italienische Diktator Benito Mussolini 1937 Essen besuchte, hing dieser Willkommensgruß am Hotel Handelshof

Bohlen und Halbach mehrmals in seiner Stahlfabrik und in der Villa Hügel und ehrte ihn sogar mit einem Orden. Die Stadt Essen schmückte sich mit dem Werbespruch „Waffenschmiede des Reiches". Es gab aber auch andere Firmen, die für Essen wichtig waren, zum Beispiel die Chemiefabrik Goldschmidt, die Baufirma Hochtief und die Zinkhütte in Bergeborbeck.

Die Stadt hatte nun keine Schulden mehr. Die Familien besaßen wieder Geld, um sich schöne Dinge zu kaufen oder in Urlaub zu fahren. Immer mehr hatten jetzt zum Beispiel eine Waschmaschine oder ein Radio. Es gab Theater-, Konzert- und Kinoangebote, viele Menschen waren Mitglieder in Vereinen, manche fuhren mit ihrem ersten Auto durch die Stadt. So sahen die meisten darüber hinweg, dass es keine Demokratie mehr gab und sie zum Beispiel keinen Stadtrat mehr wählen durften.

Der Zweite Weltkrieg

Adolf Hitler hatte schon seit Langem einen Krieg geplant. Er wollte mehr Macht in Europa haben. Deutschland überfiel 1939 erst Polen und danach weitere Länder. Deutschlands Gegner wussten, dass Essen „die Kruppstadt" war. Deswegen griffen Engländer und Amerikaner die Stadt immer wieder mit Flugzeugen an und warfen Bomben und Minen ab. Bis 1945 gab es 272 **Luftangriffe** auf Essen.

Die Essener versuchten sich, so gut es ging, vor den Bomben zu schützen. Immer wenn die Sirenen einen Angriff ankündigten, rannten sie in einen Bunkerraum oder in den Keller ihres Hauses. Auch alte Bergwerksstollen, zum

Am Ende des Zweiten Weltkrieges war Essen eine zerstörte Sta... Überall standen Ruinen

Beispiel von der Zeche Ludwig in Bergerhausen, oder lange Tunnel unter dem Hauptbahnhof dienten als **Schutzräume**. Es gab auch Hochbunker, die teilweise heute noch stehen, zum Beispiel an der Körnerstraße in Altendorf oder an der Humboldtstraße in Haarzopf. Die Bomben töteten trotzdem viele Menschen. Bis zum Kriegsende 1945 gab es fast 35.000 Tote in der Stadt.

In die Bunkerräume durften die Kinder meist nur ein einziges Spielzeug, zum Beispiel eine Puppe, mitnehmen

1943 wurden die Münsterkirche, das Rathaus und die Marktkirche in der Innenstadt zerstört. Die Krupp-Werke wurden ebenso wie die Häuser, in denen die Arbeiter wohnten, immer öfter und schlimmer getroffen und sahen am Ende aus wie ein riesiger Schrottplatz. Auf Essen fielen damals so viele Bomben, dass selbst

heute bei Bauarbeiten noch welche gefunden werden und entschärft werden müssen. Dabei ist der Krieg schon über 60 Jahre vorbei!

Raus aufs Land

Um die Kinder zu schützen, die in den großen Städten nicht mehr gefahrlos auf der Straße spielen oder zur Schule gehen konnten, befahl Hitler, sie zu evakuieren. Das heißt, sie sollten in ein sicheres Gebiet gebracht werden – aufs Land. Dort gab es weniger Angriffe. Im März 1943 schlossen alle Essener Schulen. Nicht alle Eltern wollten ihre Kinder jedoch weggeben. Tausende Essener Kinder fuhren mit Zügen in entfernte Orte, wo sie bei fremden Familien oder in einem Heim leben mussten. Die meisten litten sehr darunter, von ihrer Familie getrennt zu sein.

Weil immer mehr Essener als Soldaten in den Krieg zogen, fehlten die Männer in der Stadt. Die Fabriken und Zechen, aber auch die Stadtverwaltung und sogar die Bauern hatten zu wenig Mitarbeiter. Deswegen mussten die Bergleute länger arbeiten als bisher. Außerdem halfen Kriegsgefangene und Zwangsarbeiter, darunter viele Frauen und Jugendliche, mit. Sie wurden gegen ihren Willen aus dem Ausland nach Essen zum Arbeiten gebracht. Insgesamt waren es 100.000. Für sie gab es

rund 360 Lager in der Stadt, in denen sie in engen Baracken wohnen mussten. Allein die Firma Krupp betrieb etwa 50 Lager. Die Zwangsarbeiter mussten auch Trümmer wegräumen und Gleise reparieren.

Diese Gefangenen wurden gezwungen, eine Bombe auf dem Parkfriedhof zu entschärfen

Endlich Frieden!

Als amerikanische Soldaten die Stadt besetzten, war der Krieg für Essen zu Ende. Deutschland hatte ihn verloren und Essen war ein Trümmerhaufen. Viele Menschen waren gestorben, überall in Europa.

Der Zweite Weltkrieg hat in Essen viele Spuren hinterlassen. Wegen der vielen Bombardierungen gibt es keine Altstadt mitten in Essen, so wie in Werden oder Kettwig. Doch trotz allem: Die Essener bauten die Stadt wieder auf und machten sie zu dem Essen, wie wir es heute kennen.

Du bist dran!

Lies dir doch mal in der Innenstadt die Tafeln des Essener Denkmalpfades durch. Auf den silbernen Tafeln erfährst du interessante Dinge über die Geschichte vieler Gebäude. Die Tafeln findest du an über 30 Stellen in der Innenstadt.

Neuanfang in der zerstörten Stadt

Wenn man es nicht selbst erlebt hat, kann man sich kaum vorstellen, wie schlimm Essen damals ausgesehen hat. Tausende Häuser lagen in Trümmern. Die vielen Bomben hatten vor allem in der Innenstadt fast alles zerstört: Wohnungen, Geschäfte, Fabrikgebäude, Kirchen, Schulen, aber auch Wasser-, Gas- und Stromleitungen. Die Schienen der Eisenbahn und der Straßenbahn waren ebenso wie viele Straßen nicht mehr zu gebrauchen, auch einige Brücken gab es nicht mehr. Andere Teile von Essen hatten mehr Glück gehabt. Vor allem im Süden der Stadt war noch vieles heil. Im April 1945, als amerikanische Soldaten die Stadt

erreichten und die Kontrolle übernahmen, lebten nur noch 285.000 Menschen in Essen. Die anderen waren entweder wegen der Bombenangriffe weggezogen oder hatten als Soldaten im Krieg gekämpft. Viele waren gestorben.

Ebenso wie die Kinder, die aufs Land geschickt worden waren, strömten nun viele Menschen in ihre Heimatstadt zurück. Nur: Wo sollten sie wohnen? So schnell, wie die Einwohnerzahl stieg, konnte man die zerstörten Häuser gar nicht wieder aufbauen. Daher mussten die Essener jahrelang zusammenrücken oder sich zum Beispiel eine Wohnung mit anderen teilen.

Vor dem zerstörten Hauptbahnhof kocht diese Frau Essen auf einem Feuer

1600 1800 1900 1940 1950 1960 1970 1980 2000 2010

Vielen blieb nichts anderes übrig, als in den **Ruinen** zu leben. So manches zerstörte Haus hatte zum Beispiel noch einen bewohnbaren Keller. „Besser ein solches Dach über dem Kopf als gar keins", dachten sich die Menschen.

Jedes Feld auf dieser Lebensmittelkarte steht für eine Portion Essen, zum Beispiel Fleisch, Milch oder Butter

Zum Wohnungselend kam der **Hunger**. Es gab nicht genug zu essen. Wie schon im Ersten Weltkrieg gab es Lebensmittelkarten. Auch die Zwangsarbeiter hungerten. Diese Menschen, die während des Krieges gegen ihren Willen in Essen arbeiten mussten, lebten noch immer in der Stadt. Es waren fast 40.000. Immer wieder überfielen sie Lebensmittelgeschäfte und plünderten sie. Das heißt, sie nahmen sich zum Beispiel Brot und Kartoffeln, ohne zu bezahlen. Das war natürlich verboten, aber die Zwangsarbeiter waren so verzweifelt, dass ihnen das egal war. Außerdem waren sie wütend, weil sie während des Krieges so schlecht behandelt worden waren.

Die Essener waren zwar erleichtert, dass der Krieg zu Ende war, aber gleichzeitig waren sie auch unsicher und ratlos, wie es nun weitergehen sollte. Wer würde

nun in der Stadt das Sagen haben? Die Amerikaner wollten vor allem eins: Die Zeit der Nationalsozialisten sollte für immer und ewig vorbei sein, Deutschland sollte nun ein demokratisches Land werden. Wichtig war nun, dass in der Stadtverwaltung wieder genügend Menschen arbeiteten, um die Ordnung und Versorgung in der Stadt sowie den Wiederaufbau voranzutreiben.

Schon nach zwei Monaten übergaben die Amerikaner die Stadt an die **Briten**. Das kam so: Vier große Länder (Großbritannien, Frankreich, die USA und die Sowjetunion) hatten Deutschland im Krieg besiegt. Nach dem Krieg wurde Deutschland in vier Zonen aufgeteilt, jedes Land bekam eine davon. Essen lag in der britischen Zone. Die Briten hatten das Ziel, das Leben in der Stadt möglichst schnell zu verbessern.

Wusstest du...

...dass es die Sowjetunion heute nicht mehr gibt? Sie war ein Zusammenschluss vieler Staaten. Das mächtigste und größte Land war Russland.

Als die Schulen nach und nach wieder öffneten, waren die Klassen meist sehr voll

Für Kinder und Jugendliche war der Sommer 1945 eine Zeit ungewöhnlicher Freiheit. Die **Schulen** waren geschlossen, weil sie entweder zerstört waren oder weil Lehrer fehlten. Erst Monate später begann nach und nach wieder der Unterricht. So verbrachten viele Kinder ihre Zeit in den Trümmern, wo sie spielten. Die Erwachsenen konnten sich nicht sehr um sie kümmern, weil sie Schutt beseitigen, Lebensmittel besorgen oder Wohnungen reparieren mussten. Viele Mütter suchten zum Beispiel aus den Trümmerbergen Ziegelsteine heraus, die man für den Neubau von Häusern gebrauchen konnte. Diese Frauen nennt man **„Trümmerfrauen"**. Sie mussten diese Arbeit übernehmen, weil die Männer fehlten. Sie waren

Viele Frauen suchten aus den Trümmern Ziegelsteine heraus, mit denen man neue Häuser bauen konnte

entweder im Krieg gestorben oder in Kriegsgefangenschaft. Die Kinder vermissten ihre Väter. Oft hatten sie keine Ahnung, ob oder wann sie sie noch einmal wiedersehen würden.

Weißt du noch? Die Nationalsozialisten hatten 1933 alle anderen politischen Parteien verboten. Doch jetzt gab es ihre eigene Partei, die NSDAP, nicht mehr. Die anderen Parteien hatten wieder eine Chance. In Essen kümmerte sich **Wilhelm Nieswandt** um die Neugründung

der SPD. **Heinrich Strunk** und **Gustav Heinemann** trieben die Gründung der CDU voran. **Heinz Renner** vertrat die Ideen der KPD, und **Viktor Niemeyer** gehörte der neuen Partei FDP an.

Gustav Heinemann

Im Oktober 1946 durften die Essener das erste Mal nach 13 Jahren wieder einen Stadtrat wählen. Die CDU gewann und wählte **Gustav Heinemann** zum neuen Oberbürgermeister. Er blieb aber nur drei Jahre im Amt. Dann wurde er der erste Innenminister der Bundesrepublik Deutschland, später sogar Bundespräsident.

Obwohl der Krieg nun schon anderthalb Jahre vorbei war, litten die Menschen in Essen immer noch Hunger. Es gelang einfach nicht, genügend Lebensmittel in die Stadt zu

Wusstest du...

...was die Abkürzungen der Parteien bedeuten? SPD steht für Sozialdemokratische Partei Deutschlands, CDU heißt Christlich Demokratische Union und die FDP ist die Freie Demokratische Partei. Die KPD, die Kommunistische Partei Deutschlands, gibt es heute nicht mehr.

transportieren. Dazu kam ein eiskalter Winter. Auch viele Arbeiter waren unterernährt, doch sie mussten trotzdem in den Zechen Kohle fördern. Kohle war gerade in dieser Zeit sehr wichtig. Die Bergleute waren unzufrieden und demonstrierten mehrfach gegen die schlechte Brotversorgung.

Was die Menschen in den Geschäften nicht bekamen, versuchten sie sich auf dem **Schwarzmarkt** zu besorgen. An mehreren Orten in der Innenstadt, zum Beispiel am Limbecker Tor, trafen sich die Menschen und tauschten: Zucker gegen Zigaretten, Käse gegen Kaffee, Butter gegen Brot. Wer nichts zu tauschen hatte, musste hohe Preise für die angebotenen Waren zahlen. Erlaubt war der Schwarzmarkt nicht, aber die Polizei schaffte es nicht, ihn zu verhindern.

Im Juni 1948 wurde in ganz Westdeutschland neues Geld eingeführt – die D-Mark. Es war eine **Währungsreform**, wie schon 1923. Nun ging es allmählich aufwärts. Allerdings war Essens Zukunft sehr eng mit der Zukunft der Firma Krupp verknüpft. Nach dem verlorenen Krieg mussten alle Firmen, die Waffen hergestellt hatten, dafür büßen. Das hatten die Sieger entschieden. **Alfried Krupp von Bohlen und Halbach**, der Inhaber der Krupp-Werke,

saß deswegen im Gefängnis. 1951 kam er wieder frei. Arbeiter mussten viele Krupp-Gebäude abreißen und viele Maschinen abmontieren und wegtransportieren. Das nennt man **Demontage**. Etwa 5000 Arbeiter waren bis 1951 damit beschäftigt. Krupp wollte keine Waffen mehr bauen. Der Name Krupp stand ab jetzt für Lokomotiven, Lastwagen, Busse, Kräne, Brücken, Maschinen und viele andere Dinge.

Alfried Krupp von Bohlen und Halbach saß nach seiner Verhaftung mehrere Jahre im Gefängnis

Für die Essener war es sehr wichtig, dass es neue Wohnungen gab. Zwischen 1950 und 1961 entstanden über 100.000 davon, vor allem in Altendorf und Holsterhausen, wo große neue Siedlungen gebaut wurden. Doch die Stadt brauchte auch neue Unternehmen, die den Menschen Arbeit gaben. Denn weil Krupp nicht mehr so viele Arbeiter beschäftigte wie früher, drohte vielen die Arbeitslosigkeit. Deswegen wollte die Stadtverwaltung neue Firmen in die Stadt holen. Das gelang auch bald. Die Zechen waren ebenfalls immer noch wichtige Arbeitgeber. Jeder fünfte arbeitende Essener war ein Bergmann.

Stadtplaner überlegten sich, wie die Innenstadt aussehen sollte, wenn endlich alle Trümmer beseitigt waren. Sollte man die enge Altstadt wieder aufbauen? Oder sollte man etwas ganz Neues schaffen? Diese zweite Lösung fanden mehr Menschen gut als die erste.

Wichtig waren drei Dinge: Essen sollte eine moderne **Einkaufsstadt** mit einer Fußgängerzone und Parkplätzen für Autos werden. Gleichzeitig sollte man aber den ursprünglichen Grundriss der Stadt, also die alten Straßen, noch wiedererkennen. Und schließlich wollte man für die Autofahrer breite Straßen um die Innenstadt herum bauen, den sogenannten City-Ring. In der Mitte der Stadt legte man den Gildenplatz an. Heute heißt er **Kennedyplatz**.

zehn Jahre später waren es bereits 53.532. Ein Auto zu besitzen, bedeutete damals: „Schau mal, ich habe es geschafft. Mir geht es super!" Es war die Zeit des sogenannten **„Wirtschaftswunders"**. Die Deutschen hatten die harten Nachkriegsjahre überstanden und waren glücklich darüber. Doch erst 1955, zehn Jahre nach Kriegsende, kamen die letzten Kriegsgefangenen nach Hause.

Die Essener verbrachten ihre Freizeit nicht nur zu Hause, sondern gingen tanzen, ins Theater oder ins Museum Folkwang. Die Lichtburg war das modernste Kino Deutschlands und zeigte eine große Zahl von Filmpremieren. Die neu gebaute **Grugahalle** zog mit Rock'n'Roll-Konzerten die Jugendlichen an.

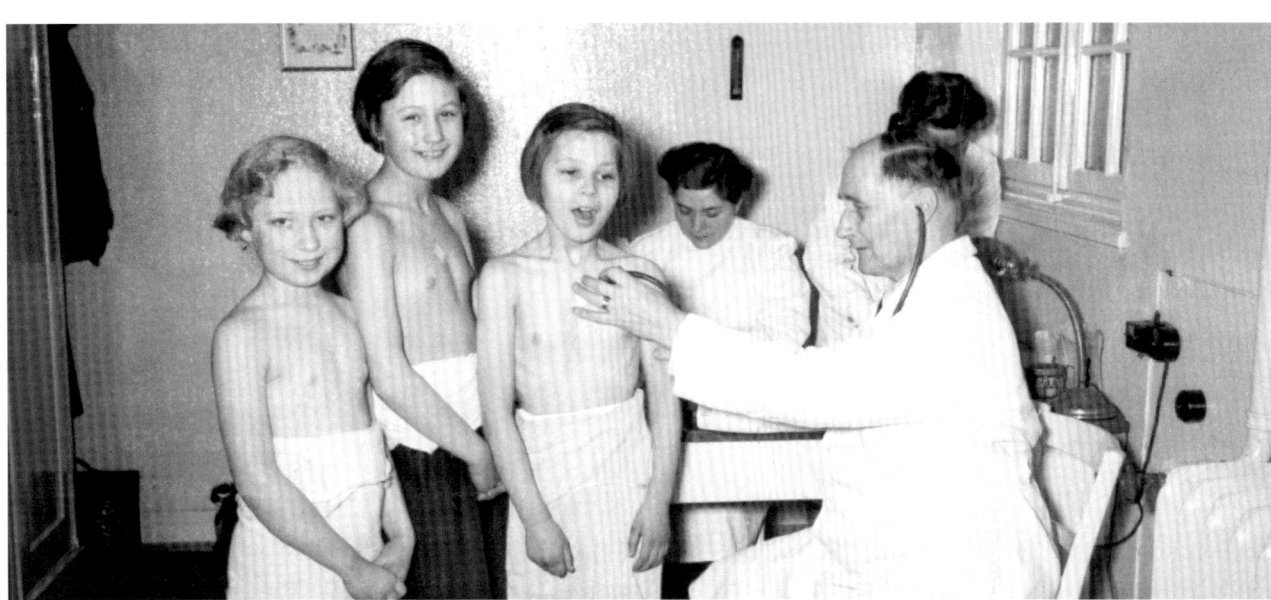

So untersuchte der Schularzt in den 1950er Jahren die Kinder

Den Essenern, die eine Arbeit hatten, ging es im Laufe der 1950er Jahre immer besser. Die Familien besaßen wieder genügend Nahrungsmittel, Kleidung und Möbel, und die es sich leisten konnten, kauften sich nun einen Kühlschrank, einen Fernseher, ein Motorrad oder ein Auto. 1950 gab es 6.696 Autos in Essen,

Viele Menschen traten in einen Sportverein ein. Vor allem für Fußball begeisterten sie sich. Großen Grund zum Jubeln hatten sie gleich zweimal: Im Jahr 1954 wurde Deutschland Fußball-Weltmeister und im Jahr 1955 wurde Rot-Weiss Essen Deutscher Fußball-Meister.

Die Grugahalle wurde 1958 gebaut. Sie hat die Form eines Schmetterlings

Zehn Jahre lang kam der Oberbürgermeister der Stadt Essen aus der Partei CDU: Nach Gustav Heinemann war Hans Toussaint der „Chef" in der Stadt. Doch 1956 gewann zum ersten Mal die SPD die Kommunalwahlen. Nun war **Wilhelm Nieswandt** Oberbürgermeister. Es war eine Zeit der Veränderung in der Stadt. Neue, schwierige Probleme tauchten auf – nicht nur hier, sondern im ganzen Ruhrgebiet. Und das hatte, wie so oft in Essens Geschichte, etwas mit der Kohle und dem Stahl zu tun.

Wilhelm Nieswandt

Rate mal...

Gegen welche Mannschaft spielte Rot-Weiss Essen im Finale um die Deutsche Meisterschaft?

a) 1. FC Kaiserslautern
b) Bayern München
c) Borussia Dortmund

Lösung: Antwort a). Essen besiegte Kaiserslautern mit 4:3.

Der gelungene Strukturwandel

Große Probleme – und wie sie gelöst wurden

Die Kohle, die die Essener Zechen förderten, war wichtig für viele: Die Stahlwerke brauchten sie für die Stahlproduktion, die Kraftwerke machten Strom daraus. Lokomotiven und Schiffe benötigten Kohle, um vorwärts zu kommen. Und die Menschen heizten ihre Wohnung damit. Doch in den 1950er Jahren wurde die Kohle aus den Zechen im Ruhrgebiet immer teurer. Warum? Die Bergleute verdienten mehr Geld als früher, außerdem musste die Kohle aus sehr großer Tiefe nach oben geholt werden. Das war sehr aufwendig und kostete viel Geld. Inzwischen gab es aber billigere Möglichkeiten, um Energie zu erzeugen. Eine Möglichkeit war, Erdöl mit Schiffen nach Deutschland zu bringen. Die andere Möglichkeit war, Kohle aus anderen Ländern zu importieren, also einzuführen. Sie kostete nicht so viel, weil sie da, wo sie herkam, preiswert gefördert werden konnte.

Für die Stadt Essen war es schlimm, dass viele Firmen nun die Essener Kohle nicht mehr haben wollten. Weil nun nicht mehr alle Kohlen, die gefördert wurden, verkauft werden konnten, schichtete man sie neben den Zechen auf große Berge, die **Kohlehalden**. Für die Essener war es ein trauriger Anblick, diese Halden wachsen zu sehen. Dann mussten die ersten Zechen schließen. Es hatte keinen Sinn, Kohle aus der Erde zu holen, die man nicht mehr verkaufen konnte. Von den 23 Zechen, die 1950 auf Essener Gebiet lagen, gab es 1965 noch 14 und 1968 noch fünf. Dies nannte man das „Zechensterben". Kannst du dir vor-

stellen, was das für die Menschen bedeutete, die in den Zechen arbeiteten? Für viele war es schlimm, denn sie wurden arbeitslos.

Essen hatte viele Zechen. Für viele Kinder war es völlig normal, ganz in der Nähe der Fördertürme zu spielen

Du bist dran!

Gab es dort, wo du wohnst, früher eine Zeche? Ist noch etwas davon übrig, zum Beispiel ein Gebäude oder ein Förderturm?
Oder erinnert ein Straßenname an die Zeche? Frag deine Eltern, Großeltern oder Lehrer danach!

1968 schlossen sich die meisten der kleinen und großen Zechengesellschaften zu einem großen Unternehmen, der **Ruhrkohle AG**, zusammen. Denn schwierige Zeiten übersteht man besser, wenn man eng zusammenhält. Außerdem kann eine große Firma auch billiger Kohle produzieren und verkaufen, als wenn das jede Zeche für sich selbst organisiert. Essener Politiker überlegten gleichzeitig intensiv, was man aus den ehemaligen Zechengeländen machen sollte. Klar war: Essen brauchte neue Unternehmen, die Menschen Arbeit gaben. So entstanden überall neue Gewerbegebiete mit großen Flächen für Produktionshallen, Büros oder Geschäfte, zum Beispiel auf dem Gelände der Zeche Ernestine in Stoppenberg oder der Zeche Wolfsbank in Borbeck. Nun zogen Firmen nach Essen, die mit der Industrie nichts zu tun hatten – Banken, Versicherungen und Verwaltungen.

Essen wurde immer mehr zu einer **Dienstleistungsstadt**. Dienstleistungen sind all die Dinge, die Menschen für andere Menschen tun, die etwas Bestimmtes benötigen. Zum Beispiel ist es eine Dienstleistung, wenn eine Wäscherei Hemden bügelt oder eine Umzugsfirma Kartons von einer Wohnung zur nächsten transportiert. Ebenso ist es eine Dienstleistung, wenn ein Mitarbeiter einer Krankenkasse dafür sorgt, dass ein Arzt seine Rechnungen bezahlt bekommt. Bis heute ist Essen eine Stadt, in der sehr viele Menschen im Dienstleistungsbereich arbeiten. Viele arbeiten als Angestellte, nicht mehr als Arbeiter.

Die Firma Krupp hatte sich bereits nach dem Krieg umstellen müssen. Die Firma war nun auf der ganzen Welt tätig und baute zum Beispiel in Indien große Stahlwerke. Viele Jahrzehnte

lang fühlten sich die „Kruppianer" in Essen als etwas Besonderes, weil sie durch ihre Arbeit bei Krupp viele Vorteile hatten, zum Beispiel eine preiswerte Wohnung, eigene Supermärkte und eine höhere Rente. Sie hatten ein enges Verhältnis zu ihrem Arbeitgeber. Doch die Zeiten änderten sich. Firmenchef **Alfried Krupp von Bohlen und Halbach** entschloss sich 1967, kurz vor seinem Tod, die Firma Krupp abzugeben. Voraussetzung war, dass sein einziger Sohn Arndt auf sein Erbe verzichtete.

Alfried schenkte alles, was er besaß, einer Stiftung – auch seine Firma. Die Stiftung wurde nach ihm „Alfried Krupp von Bohlen und Halbach-Stiftung" genannt. Sie gibt seitdem viel Geld für gute Zwecke aus. Sie stellt zum Beispiel Professoren an, bezahlt ein Krankenhaus und stiftet Geldpreise für Wissenschaftler. Auch den Neubau des Museums Folkwang hat sie bezahlt.

Alfried Krupp von Bohlen und Halbach mit seinem einzigen Sohn Arndt im Jahr 1960

Zuwanderer aus Europa

Noch immer zogen Menschen nach Essen. 1962 lebten 730.000 Menschen in der Stadt. Die Zugezogenen kamen von überall her. Zum Beispiel aus der DDR, dem deutschen Staat, der seit 1949 dort war, wo heute die fünf östlichen Bundesländer und Berlin liegen. Oder aus den ehemaligen deutschen Ostgebieten, die seit dem Zweiten Weltkrieg zu Polen und Russland gehörten. Oder aus Italien, Spanien und Griechenland. Ab den 1970er Jahren kamen die Türken. Die Südeuropäer waren angeworben worden, um hier in den Zechen und Fabriken zu arbeiten. Man nannte sie **Gastarbeiter**.

All diese Menschen brauchten Wohnungen, von denen die Stadt Essen immer noch nicht genug hatte. So kam es, dass am östlichen Rand der Stadt große Wohnsiedlungen mit Hochhäusern gebaut wurden: das Bergmannsfeld, das Isinger Feld und das Hörsterfeld. Zusammen heißen sie die **„Oststadt"**.

Essen war auf dem Weg, eine moderne Großstadt zu werden. Mitten durch die Stadt, von

In der Oststadt wohnen auch heute noch viele Menschen

West nach Ost, baute man eine Autobahn, die heutige **A 40**. Dafür mussten 160 Häuser abgerissen werden. Auch Richtung Süden gab es eine neue Schnellstraße, die spätere **A 52**.

Bald hatte Essen auch seine erste U-Bahn-Strecke, allerdings war sie nur 600 Meter lang. Die Straßenbahnen fuhren im Südviertel vor dem Saalbau in einen Tunnel und kamen am Hauptbahnhof wieder heraus. Auch in den Stadtteilen änderte sich das Leben der Menschen: Hier wurden zum Beispiel Schwimmbäder und Büchereien gebaut. Das **Grugabad** und das **Jugendzentrum** öffneten im Jahr 1964.

Die erste Essener U-Bahn-Haltestelle war der „Saalbau"

Stadtteile, die als unmodern galten, zum Beispiel Borbeck und Steele, wurden saniert. Das bedeutet, man riss viele Häuser ab und baute sie – ebenso wie Straßen – neu. Damals fanden Stadtplaner es nicht so wichtig, alte (Fachwerk-) Häuser zu erhalten. Vor allem in Steele waren viele Menschen mit der **Stadtsanierung** nicht einverstanden. Viele schöne alte Häuser stehen dort heute nicht mehr.

Wo viele Menschen leben, gibt es auch viele Kinder. Neue Schulen wurden gebaut, alte Schulen bekamen Anbauten und Pausenhallen. Der Unterricht veränderte sich. Vieles war nicht mehr so streng wie früher. Das Mädchengymnasium Borbeck war 1969 der 100. Schulneubau nach dem Krieg.

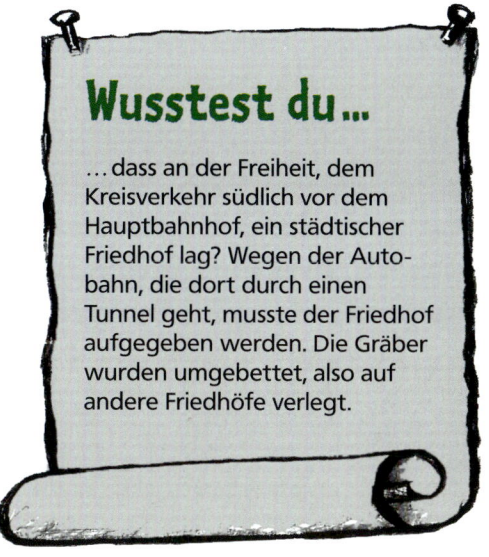

Wusstest du...

...dass an der Freiheit, dem Kreisverkehr südlich vor dem Hauptbahnhof, ein städtischer Friedhof lag? Wegen der Autobahn, die dort durch einen Tunnel geht, musste der Friedhof aufgegeben werden. Die Gräber wurden umgebettet, also auf andere Friedhöfe verlegt.

Das Grugabad ist bis heute das größte Freibad der Stadt

Zu der schlimmen Kohlekrise kam ein paar Jahre später die **Stahlkrise**. Auf der ganzen Welt wurde mehr Stahl hergestellt, als benötigt wurde. Diesmal mussten im Ruhrgebiet Stahlwerke schließen und wieder wurden viele Menschen arbeitslos. Für Essen bedeutete das: Die Stahlfirmen, die den Zechen große Mengen Kohle abgekauft hatten, gab es nun nicht mehr. Weitere vier Zechen machten dicht, nur die Zeche Zollverein blieb übrig. In der Stadt war man deswegen froh über die neue Aluminiumhütte, die seit 1971 in Borbeck Aluminium produzierte. Zollverein schloss im Jahr 1986. ThyssenKrupp ist die einzige der großen Stahlfirmen im Ruhrgebiet, die übriggeblieben ist.

Die Universität wurde dort gebaut, wo früher ein altes Arbeiterviertel gewesen war – das Segeroth

Du bist dran!

In der Eingangshalle des Rathauses steht ein 2,8 Tonnen schwerer Kohleblock. Er soll an die Bergbaugeschichte Essens erinnern. Schau dir den Brocken mal an! Und wenn du mal am Hauptbahnhof bist, mach einen Abstecher zum Bergarbeiter-Denkmal „Steile Lagerung". Es steht direkt am Kreisverkehr vor dem Südausgang des Bahnhofs.

Essen bekam nun ein neues Gesicht. Das Motto lautete: Weg von Kohle und Stahl! Die neue **Universität** wurde bewusst dort gebaut, wo eins der hässlichsten Arbeiterviertel gestanden hatte: das Segeroth. Heute hat die Universität Duisburg-Essen rund 30.000 Studenten und zählt damit zu den zehn größten in Deutschland. Hier kann man sehr viele Fächer studieren, zum Beispiel Wirtschafts-, Ingenieur- oder Naturwissenschaften oder Medizin. An der Universität wird auch sehr erfolgreich geforscht.

Das Rathaus steht am Porscheplatz. Kennst du die drei Fahnen?

1979 wurde in Essen das damals größte **Rathaus** Deutschlands eröffnet, mit einem neuen Einkaufszentrum, dem City-Center (heute Rathaus-Galerie), gleich nebenan. In der Stadt gab es inzwischen drei U-Bahn-Linien (nach Mülheim, zur Margarethenhöhe und zur Messe). Schließlich bekam Essen auch noch ein neues Opernhaus – das **Aalto-Theater**.

Und was ist nun aus all den großen Fabriken, Zechen und Industrieanlagen, die man nicht mehr brauchte, geworden? Wie gesagt, vieles wurde abgerissen, aber vieles steht auch noch. Die Zeche Zollverein ist das bekannteste Beispiel dafür, was man aus alten Industrieanlagen machen kann, nämlich einen spannenden Ort der **Industriekultur.**

Alte Hallen sind heute Freizeit- und Erlebniszentren. In der Zeche Helene in Altenessen kannst du zum Beispiel klettern, die Zeche Carl ist ein Kulturzentrum, in der Zeche Bonifacius in Kray findest du nun Restaurants, Läden und ein Fitnesscenter. In zwei alten Krupp-Hallen

an der Altendorfer Straße befinden sich heute das Theater Colosseum und das Parkhaus des Möbelhauses IKEA.

Auch die alten Bahnstrecken, die früher so wichtig für den Transport der Güter waren, werden heute neu genutzt. Auf vielen Strecken wurden die Gleise abgebaut und man kann nun dort spazieren gehen oder mit dem Rad fahren.

Essen hat den **Strukturwandel** geschafft. Was heißt das? Strukturwandel bedeutet, dass in einer Stadt viele Firmen einer bestimmten Art schließen, dafür aber viele neue Firmen hinzukommen, die etwas ganz anderes machen. Das moderne Essen ist heute eine Stadt mit wichtigen Unternehmen, mit viel Grün und viel Kultur, aber auch eine Stadt, die ihre Geschichte nicht vergessen hat. Ein bisschen von dieser Geschichte kennst du jetzt auch.

Das Theater Colosseum (links) ist in einer alten Krupp-Halle

Wie es in Essen heute ist

Ein ganz besonderes Stadtwappen

Wie gut kennst du Essen? Wusstest du, dass Essen heute eine Großstadt mit etwa 580.000 Einwohnern ist? Die Stadt ist in 50 Stadtteile und neun Stadtbezirke aufgeteilt. Ein Stadtbezirk besteht aus mehreren Stadtteilen. Wo all diese Stadtteile liegen, kannst du dir auf Seite 101 ansehen.

Essen ist an manchen Stellen flach wie ein Frühstücksbrettchen, doch an den meisten Stellen der Stadt gibt es Hügel oder sogar Berge. Am höchsten ist Essen im Stadtteil Heidhausen, und zwar in der Preutenborbeckstraße: 202,5 Meter über dem Meeresspiegel. Und am tiefsten? Da muss man nach Karnap fahren: In der Hattramstraße ist Essen nur 26,5 Meter hoch.

Essen ist wirklich eine große Stadt. Das merkst du, wenn du mit dem Auto oder mit dem Fahrrad einmal quer durch alle Stadtteile fährst. Von Norden nach Süden musst du von Stadtgrenze zu Stadtgrenze fast 21 Kilometer fahren, von Westen nach Osten 17 Kilometer. Ganz schön weit, oder? Noch länger auf den Beinen wärst du allerdings, wenn du die ganze Stadt einmal umrunden wolltest. Dann wärst du 87 Kilometer unterwegs.

Die **Ruhr** ist Essens größter Fluss. Sie entspringt im Sauerland, schlängelt sich unter anderem durch Bochum und Hattingen, fließt 28 Kilometer lang durch Essen und dann weiter nach Mülheim und Duisburg. Dort mündet sie in den Rhein. Im Essener Süden wird die Ruhr zum Baldeneysee aufgestaut. Er ist rund acht

Die Ruhr fließt 28 Kilometer lang durch Essen

Kilometer lang. Die Ruhr hat der ganzen Gegend ihren Namen gegeben – dem Ruhrgebiet. Durch den Essener Norden fließt außerdem der Fluss **Emscher**, aber nur ein kurzes Stück: 2,5 Kilometer. Ganz in der Nähe ist der **Rhein-Herne-Kanal.** Er ist eine wichtige Wasserstraße für Schiffe. Essen liegt in dem deutschen Bundesland **Nordrhein-Westfalen** und gehört zum **Regierungsbezirk Düsseldorf**.

Der Rhein-Herne-Kanal liegt im Essener Norden

Das Essener **Stadtwappen** besteht aus drei Teilen. Das ist für eine Stadt sehr ungewöhnlich und einmalig auf der ganzen Welt. Das Wappen zeigt zwei Schilde und eine Krone, die mit Edelsteinen verziert ist. Die **Krone** erinnert an die berühmte Krone aus der Domschatzkammer, mit der die Goldene Madonna immer am Fest Mariä Lichtmess gekrönt wurde. Sie ist ein Zeichen dafür, dass die Essener Äbtissinnen gleichzeitig auch Fürstinnen waren. Im Domschatz liegt auch das **Schwert**, das der Äbtissin bei festlichen Anlässen vorangetragen wurde. Mit ihm sollen der Legende nach die beiden Stadtpatrone Cosmas und Damian enthauptet worden sein. Das Schwert auf dem rechten Wappenschild erinnert daran. Der gekrönte Adler mit den zwei Köpfen auf dem linken Schild bedeutet, dass Essen einmal eine Stadt des alten deutschen Reiches war. Der **Doppeladler** war das Zeichen des „Heiligen römischen Reiches deutscher Nation". Das Essener Stadtwappen hat vor allem die Farben Gelb und Blau. Sie sind auch die Essener Stadtfarben.

Die Partnerstädte

Essen hat mehrere Städtepartnerschaften, und zwar mit folgenden Städten: Sunderland (England), Tampere (Finnland), Grenoble (Frankreich), Nishnij Nowgorod (Russland) und Tel Aviv-Jaffa (Israel). Weil es früher zwei schlimme Weltkriege gegeben hat, will die Stadt auf diese Weise die Freundschaft mit anderen Ländern und den Schüleraustausch pflegen.

Du bist dran!

Wo überall findest du das Essener Stadtwappen? Zum Beispiel auf dem Dach des Hotels „Handelshof", das direkt gegenüber dem Hauptbahnhof steht. Schau mal nach oben! Oder sieh dir einmal die grauen Pfosten an, die zum Beispiel die Fußgängerzone und Bürgersteige vor Autos schützen. Auch auf ihnen ist das Wappen zu sehen, ebenso an den EVAG-Haltestellen. Und natürlich auf dem Briefpapier der Stadtverwaltung!

Wer regiert die Stadt?

Kennst du das Essener Rathaus? Es ist ein sehr großes Haus in der Innenstadt, direkt neben dem Einkaufszentrum Rathaus-Galerie am Porscheplatz. Das Essener Rathaus ist eins der höchsten Rathäuser in ganz Deutschland. Es ist 106 Meter hoch. Hier arbeiten nicht nur der Oberbürgermeister von Essen und seine Stellvertreter, sondern auch sehr viele andere Menschen. Viele Ämter der Stadt haben ihre Büroräume im Rathaus. Unglaublich: Obwohl das Haus 22 Stockwerke hat, passen trotzdem nicht alle Ämter hinein. Deswegen gibt es weitere Büroräume in vielen anderen Gebäuden in Essen. Alle Ämter zusammen nennt man: die Stadtverwaltung. Doch was machen der Oberbürgermeister und die Stadtverwaltung eigentlich den ganzen Tag?

Das Rathaus hat 22 Stockwerke

Der Oberbürgermeister

Jede Stadt in Deutschland hat einen Chef. In kleinen Städten heißt er Bürgermeister und in großen Städten Oberbürgermeister. Essen ist eine Großstadt und hat deshalb – logisch – einen Oberbürgermeister. Man nennt ihn auch OB. Der OB ist ein Politiker und gehört meist einer bestimmten politischen Partei an. Alle sechs Jahre stimmen die Essener ab, welcher Politiker Chef der Stadt werden soll. Der Posten ist nicht nur etwas für Männer. Auch eine Frau kann Oberbürgermeisterin werden.

Du bist dran!

Kennst du den Namen des Oberbürgermeisters von Essen? Hast du schon einmal ein Foto von ihm gesehen oder ihn persönlich getroffen? Vielleicht hast du ihn ja auch schon einmal mit deinen Eltern oder deiner Schulklasse im Rathaus besucht?

Ein Oberbürgermeister hat drei wichtige Aufgaben:

1. Der OB ist Vorsitzender im Stadtrat. Im Stadtrat sitzen Politiker aus verschiedenen politischen Parteien, die gemeinsam beschließen, was in Essen gemacht wird. Wenn die Politiker sich einmal im Monat treffen, sitzt der OB ihnen gegenüber. Er hat ein Mikrofon, damit man ihn gut versteht, und eine Glocke. Damit läutet er, wenn er etwas sagen will oder wenn es im Saal zu laut wird. Der OB denkt viel darüber

nach, was in Essen jetzt oder in Zukunft verändert werden sollte, und macht, so wie andere Politiker auch, entsprechende Vorschläge. Wenn darüber im Stadtrat abgestimmt wird, darf er mit abstimmen.

2. Der OB vertritt alle Essener, wenn wichtige Gäste in die Stadt kommen. Deswegen nennt man ihn auch **Repräsentant der Stadt**. Das Wort kommt aus dem Lateinischen und bedeutet: Vertreter. Der OB begrüßt die Gäste, erzählt ihnen von Essen und zeigt ihnen die Stadt. Oft hält er eine Rede. Nach Essen kommen immer viele Gäste, zum Beispiel bekannte Politiker, Sportler, Firmenchefs oder Filmstars, aber auch Schulklassen aus den Partnerstädten, Vereine, Chöre oder andere Gruppen. Sogar der Papst war schon da … Die berühmten Gäste tragen sich in ein ganz besonderes Gästebuch ein – das Stahlbuch.

3. Der OB ist der **Chef von allen städtischen Mitarbeiterinnen und Mitarbeitern**. Das sind in Essen ganz schön viele: Rund 9400 Menschen arbeiten bei der Essener Stadtverwaltung.

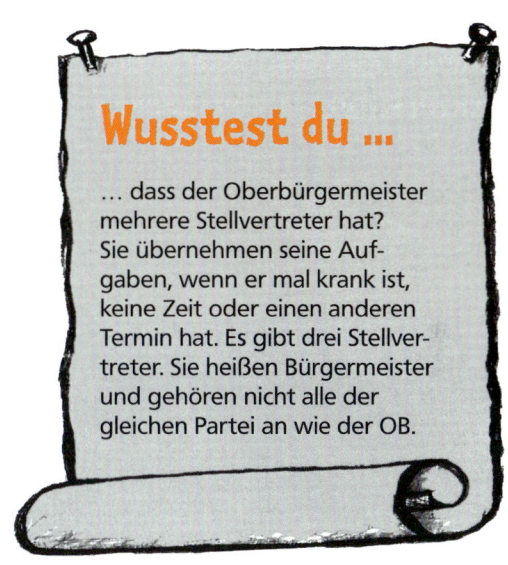

Wusstest du …

… dass der Oberbürgermeister mehrere Stellvertreter hat? Sie übernehmen seine Aufgaben, wenn er mal krank ist, keine Zeit oder einen anderen Termin hat. Es gibt drei Stellvertreter. Sie heißen Bürgermeister und gehören nicht alle der gleichen Partei an wie der OB.

Der Stadtrat

Der Stadtrat ist sozusagen die Regierung von Essen. Darin sitzen Politiker, die von den Essener Bürgerinnen und Bürgern gewählt worden sind, damit sie ihre Interessen vertreten. Bürger oder Einwohner nennt man alle, die in einer Stadt wohnen. Wählen darf jeder Bürger, der mindestens 16 Jahre alt ist. Auch Menschen aus den anderen Staaten der Europäischen Union dürfen mitwählen, wenn sie in Essen wohnen. Die, die wählen dürfen, bekommen alle fünf Jahre eine Postkarte aus dem Rathaus. Darauf steht, dass an einem bestimmten Sonntag Kommunalwahlen sind und dass man an diesem Tag in ein **Wahllokal** kommen darf.

Ins Stahlbuch tragen sich berühmte Gäste ein

Wahllokale sind Räume in der Stadt, in denen gewählt wird. Das kann im Rathaus sein oder in einer Schule oder in einem Gemeindezentrum. In dem Wahllokal kreuzt man auf einem Stimmzettel den Namen eines Politikers und einer Partei an. Weil die Wahl geheim ist, darf beim Ankreuzen niemand zusehen. Anschließend steckt man den Zettel in einen Kasten mit einem Schlitz – in eine Wahlurne.

Die Wahl ist freiwillig. Wählen zu gehen ist keine Pflicht, sondern ein Recht. Dieses Recht ist sehr wertvoll. In manchen anderen Ländern, in denen es keine **Demokratie** gibt, dürfen die Menschen nicht wählen gehen. Dadurch können sie auch nicht die Politik mitbestimmen. Auch bei uns in Deutschland gab es jahrhundertelang Zeiten, in denen die Reichen und Mächtigen alles bestimmt haben und die einfa-

Du bist dran!

Frag deine Eltern oder Verwandten, in welchem Wahllokal sie wählen gehen. Hast du schon einmal zugeguckt, wenn deine Eltern wählen gegangen sind? Haben sie dir verraten, wen sie gewählt haben?

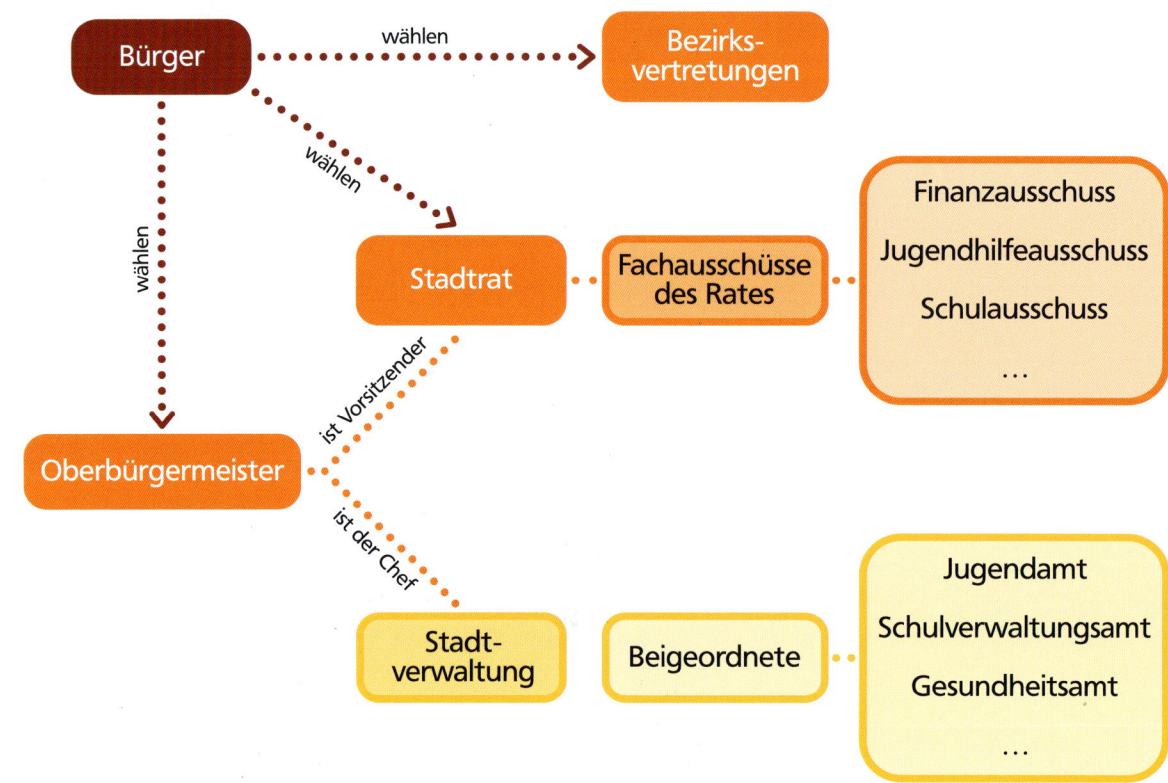

Der Stadtrat trifft sich einmal im Monat im Ratssaal

Wusstest du ...

… dass sich der Stadtrat in der Regel am vierten Mittwoch des Monats um 15 Uhr im Ratssaal im Rathaus trifft? Die Sitzung ist öffentlich. Das heißt, jeder Einwohner, der möchte, darf auf der Zuschauerempore zusehen und zuhören. Auch Kinder dürfen dabei sein. Bist du neugierig und hast Lust, einmal vorbeizuschauen? Nur Mut, die Ratsherren und Ratsfrauen beißen nicht!

chen Leute nichts zu sagen hatten. Sie durften auch nicht in den Stadtrat gewählt werden. Da ist es heute doch besser, findest du nicht?

Die Politiker, die in den Stadtrat gewählt worden sind, nennt man **Ratsherren** und **Ratsfrauen**. Es sind 82 Leute. Sie beraten und entscheiden über alle wichtigen Dinge in Essen. Weil sie verschiedenen Parteien angehören, sind sie oft nicht einer Meinung. Sie bespre-

chen ihre Ideen und stimmen dann ab. Der Vorschlag, der die meisten Stimmen erhält, gewinnt.

Was der Stadtrat entscheidet, merken die Menschen in Essen meist sehr schnell, weil sich das Leben in Essen oder das Bild der Stadt verändert. Hier ein paar Beispiele aus den letzten Jahren:

- Der Rat hat beschlossen, dass in Essen die Offene Ganztagsgrundschule eingeführt wird.

- Der Rat hat beschlossen, dass am nördlichen Ende der Innenstadt das Einkaufszentrum Limbecker Platz gebaut werden darf.

- Der Rat hat beschlossen, dass Paare nicht nur montags bis freitags, sondern auch samstags heiraten können.

- Der Rat hat beschlossen, dass der städtische Saalbau zur Philharmonie, einem modernen Konzertsaal, umgebaut wird.

- Der Rat hat beschlossen, dass Hundebesitzer eine Strafe zahlen müssen, wenn ihr Hund draußen mal „groß" muss und sie den Hundehaufen nicht entfernen.

- Der Rat hat beschlossen, dass alle Essener Familien, die mindestens ein Kind unter 18 Jahren haben, eine kostenlose Familienkarte zugeschickt bekommen.

- Der Rat hat beschlossen, wie hoch die Eintrittspreise in den Schwimmbädern sein sollen.

- Der Rat hat beschlossen, dass auf vielen Essener Kinderspielplätzen neue Spielgeräte aufgebaut werden.

Manchmal beschließt der Stadtrat auch Dinge, die vielen Essenern nicht gefallen. Oft hat das damit zu tun, dass die Stadt Geld einsparen muss. So hat der Rat zum Beispiel entschieden, dass die Büchereien in den Stadtteilen nicht mehr so lange geöffnet sind.

Die 82 Ratsherren und Ratsfrauen treffen sich einmal im Monat im Stadtrat. An den Tagen dazwischen arbeiten sie aber auch. Sie sitzen in verschiedenen Ausschüssen. In diesen Gruppen bereiten sie alles vor, was der Stadtrat beschließen soll. Es gibt zum Beispiel den Haupt- und Finanzausschuss, in dem alle Geldeinnahmen und -ausgaben besprochen werden. Im Jugendhilfeausschuss geht es unter anderem um Kindergärten und Jugendheime. Der Ausschuss für die Sport- und Bäderbetriebe kümmert sich um Sportplätze und Schwimmbäder und der Schulausschuss – klar – um die Schulen. Teilweise dürfen die Ausschüsse auch Entscheidungen ohne den Stadtrat treffen.

Die Bezirksvertretungen

Essen ist eine große Stadt. Hier gibt es so viel zu entscheiden, dass es für den Stadtrat alleine zu viel wäre. Deswegen gibt es neun **Bezirksvertretungen** mit jeweils 19 Mitgliedern. Auch sie werden von den Bürgern gewählt. Jede Bezirksvertretung ist für ein paar Stadtteile zuständig und kümmert sich um Dinge, die nur diese Stadtteile betreffen. Die Bezirksvertretung VII (sprich: sieben) ist zum Beispiel zuständig für Steele, Kray, Freisenbruch, Horst und Leithe. Der Vorsitzende der Bezirksvertretung ist der **Bezirksbürgermeister**.

Du bist dran!

In welchem Stadtteil wohnst du? Welche Bezirksvertretung ist für deinen Stadtteil zuständig? Und wer ist der Bezirksbürgermeister? Frag deine Eltern oder Lehrer! Oder schau im Internet nach: www.essen.de

Wusstest du ...

... dass Kommunalpolitikerinnen und -politiker ehrenamtlich arbeiten? Das bedeutet, dass sie kein Gehalt bekommen. Sie haben meist einen anderen Beruf, in dem sie Geld verdienen, oder sind Hausfrau oder Hausmann. Für ihre Arbeit bekommen Ratsmitglieder aber eine Aufwandsentschädigung. Pro Monat sind das rund 400 Euro. Für jede Sitzung, an der sie teilnehmen, bekommen sie außerdem etwas Geld extra.

Die Bezirksvertretung VII arbeitet im Rathaus Kray

Im Kinderforum können Kinder sagen, was man in Essen besser machen könnte

Politik für alle

„Politik – das ist was für Erwachsene!" Denkst du das? Stimmt aber gar nicht. Die Essener Ratsmitglieder kümmern sich um die Interessen von allen Menschen in der Stadt, auch von Kindern. Man kann sie anrufen oder sie besuchen. Eine **Kinderbeauftragte** kümmert sich besonders um Wünsche der Jüngsten. Auch in den Stadtbezirken gibt es solche Kinderbeauftragte. Im **Kinderforum** im Rathaus lernen pro Jahr etwa 1500 Kinder, wie Demokratie funktioniert. Hier können sie auch sagen, was in Essen für Kinder verbessert werden sollte.

Die Stadtverwaltung

Die Stadtverwaltung ist dafür zuständig, dass alles, was der Stadtrat beschlossen hat, auch gemacht wird. Sie hat so viele verschiedene Aufgaben, dass man sie fast gar nicht alle aufzählen kann. Der Oberbürgermeister ist der Chef der Stadtverwaltung.

Bei seiner Arbeit helfen ihm die sogenannten **Beigeordneten**. Jeder von ihnen ist für einen bestimmten Aufgabenbereich verantwortlich.

„Wie wichtig die Stadtverwaltung für viele Dinge im Leben einer Familie ist, will ich dir in zwei Beispielen erzählen."

Stell dir einmal eine Familie vor – die **Familie Schmidt**. Der Vater heißt Martin und die Mutter heißt Susanne. Sie haben drei Kinder. Anton ist elf Jahre, Marie ist fünf Jahre und Baby Charlotte ist 18 Monate alt. Weil der Vater in Essen eine Arbeitsstelle als Architekt gefunden hat, zieht die Familie aus Berlin nach Essen. Als erstes müssen sich die Schmidts beim **Bürgeramt** anmelden, damit die Stadtverwaltung weiß, dass jetzt fünf Leute mehr in Essen wohnen. Es gibt neun Bürgerämter in der Stadt. Martin Schmidt geht zum Gildehof, einem Hochhaus am Hauptbahnhof.

Susanne Schmidt möchte ihre Tochter Marie in einem Kindergarten anmelden. Beim **Jugendamt** bekommt sie eine Liste der Kindergärten in ihrem Stadtteil. Das Jugendamt rechnet auch aus, wie viel Geld Familie Schmidt für den Kindergartenplatz bezahlen muss. Das richtet sich danach, wie viel die Eltern verdienen und wie viele Stunden Marie pro Woche im Kindergarten betreut wird. Welches Gymnasium für ihren Sohn Anton geeignet ist, erfährt Susanne Schmidt beim **Schulamt**.

Martin Schmidt fährt unterdessen immer noch mit einem Auto mit Berliner Kennzeichen durch die Stadt. Damit sein Wagen ein Essener Kennzeichen bekommt, muss er zum **Straßenverkehrsamt** nach Steele. Bei der Gelegenheit tauscht er auch seinen alten, ausgefransten Führerschein gegen einen neuen Plastikführerschein ein, der nur so groß ist wie eine Bankkarte.

Die Familie Schmidt ist in eine Straße gezogen, in der nur Anwohner parken dürfen. Alle anderen Autofahrer müssen einen Parkschein kaufen, wenn sie hier parken wollen. Um zu beweisen, dass er hier wohnt, braucht Martin Schmidt einen grünen Bewohnerparkausweis. Er holt ihn sich im **Amt für Verkehrsmanagement** im Rathaus.

Am Wochenende ist Familie Schmidt oft mit Marie und Charlotte auf dem Spielplatz. Susanne Schmidt möchte mithelfen, den Spielplatz sauber zu halten und Feste zu organisieren. Sie ruft das **Kinderbüro** an und meldet sich als Spielplatzpatin.

In seiner neuen Schule hat Anton schnell einen Freund gefunden. Er heißt Ahmed Cengil. Die **Familie Cengil** lebt schon viele Jahre in Essen. Ahmeds Eltern heißen Kemal und Ayse Cengil und sind Türken. Kemal Cengil arbeitet in einem Jugendzentrum, seine Frau studiert an der Universität. Damit sie in Essen arbeiten und studieren dürfen, hat das **Ausländeramt** ihnen eine Aufenthaltsgenehmigung gegeben.

Letztens war ein Arzt des **Gesundheitsamtes** in Ahmeds und Antons Schulklasse. Er hat alle Kinder untersucht und sich ihre Impfausweise angesehen. Ahmed fehlen ebenso wie Anton und anderen Kindern in der Klasse ein paar wichtige Impfungen. Deswegen hat der Arzt Ahmeds Eltern einen Brief mitgegeben, in dem er ihnen rät, für die Impfungen zum Kinderarzt zu gehen.

Ayse Cengil und ihr Sohn Ahmed lieben Bücher. Weil es ihnen zu teuer ist, ständig neue Bücher zu kaufen, leihen sie gerne welche aus.

Deswegen fahren sie an einem Nachmittag in die **Stadtbibliothek** und lassen sich zwei Leseausweise ausstellen. Für Ahmed ist der Ausweis kostenlos. Damit kann er nicht nur Bücher, sondern auch CDs und DVDs ausleihen.

Ahmeds liebstes Hobby ist das Schlagzeug spielen. Einmal in der Woche fährt er mit der Straßenbahn zur **Folkwang Musikschule** zum Unterricht. Dass seine Musiklehrerin für die Stadt Essen arbeitet, weiß er nicht. Es ist ihm auch nicht wichtig – Hauptsache, das Schlagzeug ist so richtig schön laut…

Du siehst: Ohne die Stadtverwaltung würde in Essen vieles nicht funktionieren. Dabei waren das noch lange nicht alle Ämter, die für die Essener wichtig sind. Es gibt zum Beispiel noch das **Amt für Soziales und Wohnen**. Es kümmert sich um Menschen, die wenig Geld haben. Das Amt mit dem lustigen Namen **Grün und Gruga** ist für die Friedhöfe, die städtischen Parks und den Grugapark zuständig. Beim **Tiefbauamt** kann man anrufen, wenn eine Ampel nicht richtig funktioniert. Und das **Katasteramt** im Deutschlandhaus stellt alle Karten und Stadtpläne her, die es von Essen gibt. Dort steht auch ein Tresor mit allen Papieren, auf denen zu lesen ist, wem welches Grundstück in Essen gehört.

Wasser und Strom, Polizei und Feuerwehr

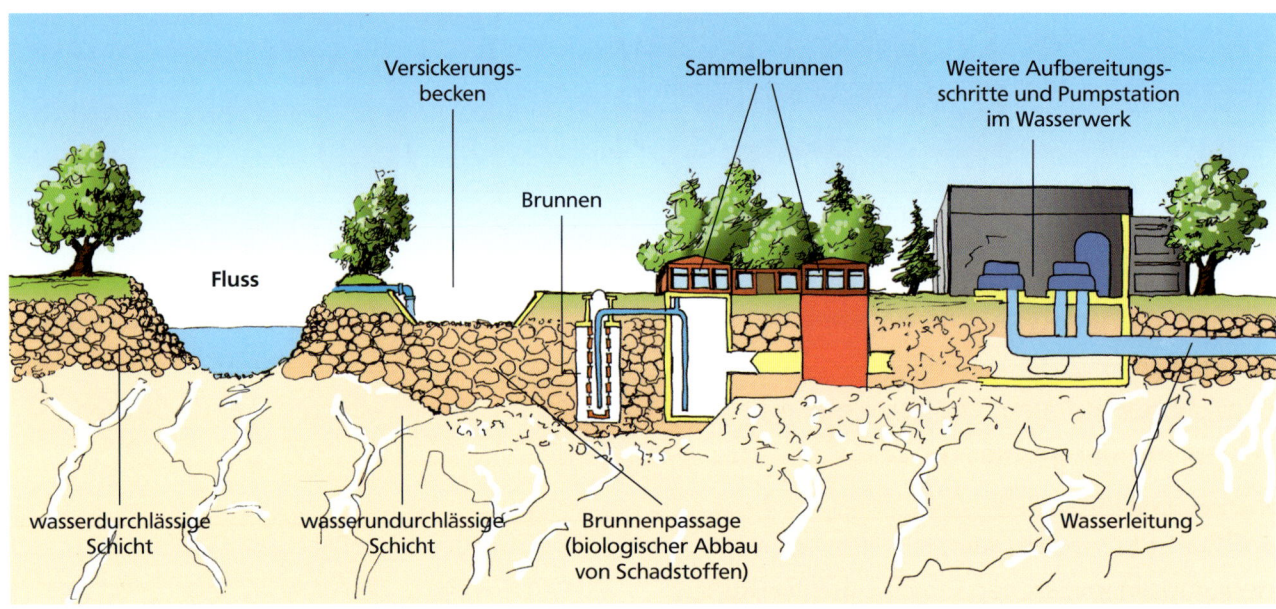

In einer Wassergewinnungsanlage wird Flusswasser gesammelt und aufbereitet

Woher kommt unser Wasser?

Wasser ist lebensnotwendig. Du brauchst nur den Wasserhahn aufzudrehen, und schon fließt es heraus. Früher war das anders: Da mussten die Menschen ihr Wasser noch an Brunnen oder Pumpen holen. Wasser brauchen wir heute zum Trinken, Waschen und Duschen, im Geschirrspüler und für die Toilette. Das Trinkwasser in Essen kommt aus der Ruhr. In der **Wassergewinnungsanlage** in Überruhr wird das Wasser gesammelt und aufbereitet, also sehr aufwendig gereinigt, und anschließend über Rohre in die Wassertürme der Stadt gepumpt. Von dort fließt es in die Häuser der Menschen. Es ist so sauber, dass du es direkt aus dem Hahn trinken kannst. Jeder Essener verbraucht im Durchschnitt 120 Liter Wasser am Tag.

Rate mal!

Dort, wo in Essen das Ruhrwasser in Brunnen gesammelt wird, darf man nicht spazieren gehen. Die Gebiete sind gesperrt. Aber Tiere leben dort. Welche sind es?

a) Kiebitze und Haubentaucher
b) Salamander und Schlangen
c) Wölfe und Dachse

Lösung: Antwort a). Vögel haben es hier gut: Sie können ungestört brüten. Mit deiner Klasse kannst du übrigens eine kostenlose Führung durch die Wassergewinnungsanlage in Überruhr machen.

Der Ruhrverband sorgt mit acht Talsperren im Sauerland dafür, dass auch in trockenen Zeiten immer genügend Wasser in der Ruhr ist. In diesen Talsperren wird das Wasser gestaut und je nach

In einer Kläranlage gibt es verschiedene Becken, in denen das schmutzige Wasser gereinigt wird

Bedarf in die Ruhr abgelassen. Wenn man über Trinkwasser in Essen spricht, darf man auch den Baldeneysee nicht vergessen. Durch ihn wird das Ruhrwasser sauberer. Wieso? Durch den Stausee im Essener Süden fließt die Ruhr so langsam hindurch, dass ungesunde Stoffe auf den Boden sinken.

Was passiert mit dem Abwasser?

Dreckiges Wasser aus dem Spülbecken, der Badewanne oder der Toilette fließt in die **Kanalisation**. Unter der Stadt liegt ein weit verzweigtes Netz von Kanälen, ein riesiges Labyrinth. Die Kanäle, für die die Stadtwerke zuständig sind, haben eine Länge von insgesamt 1600 Kilometern! Durch sie fließt das Abwasser zu den **Kläranlagen**. Dort wird das schmutzige Wasser aus Häusern und Fabriken gereinigt. Der Ruhrverband und die Emschergenossenschaft haben die Kläranlagen gebaut und sorgen dafür, dass sie gut funktionieren. Das Wasser aus dem Norden der Stadt fließt zur Kläranlage nach Bottrop, ganz nah an der Essener Stadtgrenze. Das Wasser aus dem Süden fließt zu den drei Kläranlagen in Heisingen, Kupferdreh und Kettwig. Aus den

Du bist dran!

Achte mal auf die Kanaldeckel auf den Straßen. Die Deckel sind der Eingang zur Kanalisation – in die Essener Unterwelt. Außerdem gibt es kleinere Gullydeckel an den Seiten der Straßen. Sie haben ein Gitter, durch das Regenwasser abfließen kann. Weißt du noch, wie die Straßen früher aussahen? Die Menschen kippten ihren Dreck und ihr Abwasser einfach vor ihre Tür.

Kläranlagen wird das gereinigte Wasser in die Emscher und in die Ruhr geleitet.

Woher bekommen wir Energie?

Vieles bei dir zu Hause funktioniert nur mit **Strom**: der Herd, der Kühlschrank, die Spülmaschine, der Fernseher, der Computer, der Haarfön, die Lampen. Die Geräte haben alle ein Kabel und einen Stecker, der in der Steckdose steckt. Dort bekommen sie den nötigen Strom her. Aber wie kommt der Strom in die Steckdose? Strom wird in Kraftwerken erzeugt. Die größte Essener Firma, die Strom erzeugt und verkauft, ist RWE. Daneben gibt es weitere Stromanbieter.

Kalle, das Maskottchen der RWE Rheinland Westfalen Netz, gibt im Internet unter www.rwe.com/schulforum Tipps rund um das Thema Strom

Mit Strom kann man auch heizen. In Essen gibt es noch viele Wohnungen mit solchen Nacht-speicherheizungen. Andere Heizungen funktionieren mit **Gas, Öl** oder **Kohle**. Das Prinzip ist bei allen gleich: Immer geht es darum, dass Wasser erhitzt wird. Das heiße Wasser läuft durch die Heizkörper im Haus und erwärmt die Räume. Für die Gasversorgung sorgen die Stadtwerke. Sie kaufen Erdgas, das in anderen Ländern aus der Erde geholt wird, und verkaufen es weiter. Öl oder Kohle kaufen die Essener Hausbesitzer bei privaten Händlern. Die Händ-

„Als es noch keinen Strom gab, hatten die Menschen nur Kerzen oder Öllampen. Stell dir das mal vor!"

ler liefern das Öl mit Tankwagen an und füllen es in einen Öltank im Keller. Kohle kommt in den Kohlenkeller. Schließlich gibt es auch noch die **Fernwärme** zum Heizen. Dabei wird das Wasser schon im Kraftwerk erhitzt und fließt dann durch spezielle Rohre in die Heizungsanlagen der Häuser.

Du bist dran!

Welche Heizung habt ihr zu Hause? Frag deine Eltern und lass dir die Heizung einmal zeigen.

Wo landet der ganze Müll?

Jeden Tag produzieren wir ziemlich viel Abfall: Milchtüten, Bonbonpapier, Taschentücher, Bananenschalen, Joghurtbecher und vieles mehr. Die Entsorgungsbetriebe Essen (abgekürzt: EBE) sorgen dafür, dass die Mülltonnen, die wir mit unseren Abfalltüten vollgestopft haben, wieder leer werden. Müllmänner holen die **grauen, blauen und braunen Tonnen** ab und kippen ihren Inhalt in einen Müllwagen. Weißt du, wofür die einzel-

In den blauen Tonnen wird Papier gesammelt

nen Tonnen sind? In der blauen Tonne wird Papier, zum Beispiel Zeitungen oder Kartons, gesammelt. In die braune Tonne wirfst du Küchen- oder Gartenabfälle, zum Beispiel Obstschalen oder Zweige. Die graue Tonne ist für den Restmüll da. Außerdem gibt es noch die **gelben Tonnen** für Verpackungen, zum Beispiel Quarkbecher oder Shampooflaschen. Diese Tonnen werden von einer anderen Firma geleert.

Den Inhalt der grauen Tonnen bringt die Müllabfuhr zum **Müllheizkraftwerk Karnap**. Das riesige Gebäude siehst du schon von Weitem. Es hat einen hohen Schornstein. In dem Kraftwerk wird der Müll verbrannt. Deswegen nennt man es auch Müllverbrennungsanlage. Die Hitze, die beim Verbrennen entsteht, nutzt RWE, um Strom zu erzeugen.

Die Entsorgungsbetriebe Essen holen auch Sperrmüll, zum Beispiel ein altes Sofa oder ein kaputtes Regal, ab und leeren die großen Altglas- und Altpapiercontainer in der Stadt. Das Altglas bringen sie zu einer Firma, die daraus neues Glas macht. Das nennt man **Recycling**. Es ist gut für die Umwelt, wenn man möglichst viel Abfall wiederverwertet.

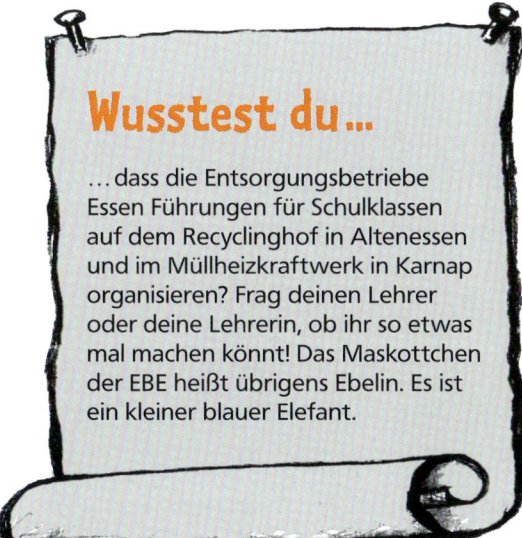

Wusstest du…

…dass die Entsorgungsbetriebe Essen Führungen für Schulklassen auf dem Recyclinghof in Altenessen und im Müllheizkraftwerk in Karnap organisieren? Frag deinen Lehrer oder deine Lehrerin, ob ihr so etwas mal machen könnt! Das Maskottchen der EBE heißt übrigens Ebelin. Es ist ein kleiner blauer Elefant.

Eine Kehrmaschine sammelt Blätter in einem Park ein

Noch besser ist es allerdings, wenn man versucht, gar nicht erst so viel Müll zu produzieren. Da kannst sogar du mithelfen. Du kannst zum Beispiel dein Schulfrühstück besser in eine Butterbrotdose statt in eine Plastiktüte packen.

Wer hält die Stadt sauber?

Hast du schon mal eine Kehrmaschine gesehen, wie sie durch eine Straße fährt und den Rinnstein säubert? Von diesen Maschinen sind in Essen täglich viele im Einsatz, um die Fahrbahnen zu reinigen. Auch sie gehören den Entsorgungsbetrieben Essen. Zu tun gibt es viel, denn Essen hat rund 3000 Straßen! Die Mitarbeiter kümmern sich überall um die Sauberkeit, zum Beispiel auf Marktplätzen, bei Straßenfesten oder auf dem Weihnachtsmarkt, teilweise auch in Parks und auf Spielplätzen. Straßenkehrer fegen die Bürgersteige, leeren die öffentlichen Papierkörbe und im Herbst sammeln sie mit lauten Laubsaugern die Blätter auf, die von den Bäumen gefallen sind. Pro Jahr sind das etwa 3000 Tonnen Laub! Im Winter räumen die Entsorgungsbetriebe verschneite und vereiste Straßen und streuen Streusalz, damit die Menschen nicht ins Rutschen kommen.

Einmal im Jahr helfen alle mit, Essen sauberer zu machen. Bei der Aktion „SauberZauber" sammeln rund 10.000 Menschen überall in der Stadt Müll ein. Darunter sind auch viele Kinder.

Polizei und Feuerwehr – Helfer in der Not

Für die Sicherheit in Essen ist die **Polizei** sehr wichtig. Polizisten haben viele Aufgaben: Sie verfolgen nicht nur Kriminelle, zum Beispiel Diebe, Betrüger oder Mörder, sondern werden auch gerufen, wenn zwei Autos auf der Straße zusammengestoßen sind. Polizisten suchen vermisste Personen, sie schützen wichtige Politiker und halten Autofahrer an, die zu schnell fahren. Vor allem aber bemühen sie sich darum, dass Straftaten gar nicht erst passieren. Sie beraten Menschen zum Beispiel, wie sie ihre Wohnung gegen Einbrecher sichern können.

Die Polizei ist sogar mit dem Fahrrad unterwegs

Auch die Verkehrserziehung ist eine Aufgabe der Polizei. Dabei lernen Kinder, wie sie sich im Straßenverkehr verhalten sollten und was sie beim Radfahren beachten müssen. Das Polizeipräsidium in Rüttenscheid ist die Zentrale der Essener Polizei und auch für die Stadt Mülheim zuständig. Es gibt 20 Wachen und Dienststellen in Essen. Rund 1800 Polizistinnen und Polizisten arbeiten in der Stadt. Der Notruf der Polizei ist die Telefonnummer 110. Du darfst sie nur bei einem echten Notfall wählen. In allen anderen Fällen erreicht man die Polizei unter der Telefonnummer 829-0.

Jede Stadt muss eine **Feuerwehr** haben, die helfen kann, wenn es irgendwo brennt. In Essen gibt es zehn Feuerwachen mit insgesamt rund 180 Einsatzfahrzeugen. Die Hauptwache ist im Ostviertel. Die Feuerwehr löscht nicht nur Brände, sondern schickt auch Rettungswagen mit Notärzten und Sanitätern los, wenn Menschen verletzt sind. Die Rettungswagen warten in den Rettungswachen oder in Krankenhäusern auf ihren Einsatz. Außerdem wird die Feuerwehr gerufen, wenn zum Beispiel eine Katze auf einen Baum geklettert ist und sich nicht mehr herunter traut. Bei der Feuerwehr arbeiten auch Höhenretter und Rettungstaucher.

Polizisten und Mitarbeiter des Ordnungsamts gehen zu zweit durch die Stadt

Wenn es brennt, ist die Feuerwehr schnell vor Ort

Menschen bei der Brandbekämpfung oder im Rettungsdienst der Essener Berufsfeuerwehr. Außerdem gibt es freiwillige Feuerwehren und Jugendfeuerwehrgruppen in den Stadtteilen. Der Notruf der Feuerwehr ist die Telefonnummer 112. Auch sie darfst du nur im Notfall wählen und nicht aus Spaß. In allen anderen Fällen erreicht man die Feuerwehr unter der Telefonnummer 123-9.

In der Stadt unterwegs

Die **Essener Verkehrs-AG** (abgekürzt: **EVAG**) sorgt dafür, dass wir mit Bussen, U-Bahnen und Straßenbahnen kreuz und quer durch die Stadt fahren können. All diese Verkehrsmittel nennt man den Öffentlichen Personennahverkehr (abgekürzt: ÖPNV). Jeden Tag fahren viele Essener Kinder und Jugendliche mit Bus und Bahn zur Schule. Damit sie sicher ankommen, bietet die EVAG Erst- bis Fünftklässlern ein Bus-Bahn-Training an. Dabei zeigt die Puppe Tommi zum Beispiel, was passiert, wenn man sich während der Fahrt nicht richtig festhält. Die EVAG freut sich auch über Besuch. Pro Jahr besichtigen rund 3500 Kinder die Werkstatt in Frohnhausen, in der zum Beispiel Straßenbahnsitze gepolstert werden.

Wusstest du ...

... dass man vier Angaben machen muss, wenn man die 112 anruft?

1. Wer ruft an?
2. Was ist passiert?
3. Wo ist es passiert?
4. Wie viele Menschen sind verletzt?

Danach nicht auflegen, sondern auf weitere Fragen warten.

Wenn man sich bei einem Feuer nicht richtig verhält, kann das sehr gefährlich sein. Deswegen erzählen die Feuerwehrleute Schulkindern regelmäßig davon, wie man zum Beispiel ein Streichholz richtig anzündet oder was man tun muss, wenn es irgendwo anfängt zu brennen. Es gibt sogar eine Puppenbühne mit dem Feuerwehr-Kasperle, der gemeinsam mit Seppel den Feuerteufel Kokel austrickst. Insgesamt arbeiten rund 700

SchienenNetz Essen bis 23.00 Uhr

U17 GE Buerer Straße
Schloß Horst
Fischerstr.
Alte Landstr.
Boyer Str.
Arenbergstr.

Emscher
Rhein-Herne-Kanal

HeßIerstr.
II. Schichtstr.
U11 Karlsplatz
Altenessen Mitte
Kaiser-Wilhelm-Park

VOGELHEIM
ALTENESSEN-NORD

Holbeinstr.
Feldmarktstr.
Musiktheater
GE Hauptbahnhof
107
Hans-Böckler-Allee
Overwegstr.
Heinrich-König-Platz
Fürstinnenstr.
Revierpark Nienhausen
Trabrennbahn
Nienhuser Busch

KATERN-BERG

S2·RE3 nach Gelsenkirchen

S9·RE14 nach Bottrop
S2·RE3 nach Oberhausen
Essen-Dellwig Bf
103 Wertstr.
Reuenberg
Münstermannstr.
S2·RE3
Essen-Geschede Bf
BORBECK
Essen-Dellwig Ost
Donnerstr.
GERSCHEDE
Philippusstift
An Don Bosco
Zinkstr.
Essen-Bergeborbeck Bf
106
Essen-Altenessen Bf
RE
106
S2·RE3
S2·RE3

Katernberger Markt
Essen-Katernberg Süd Bf
Abzweig Katernberg
Zollverein
Zollverein Süd
Nikolaustr.
Ernestinenstr.
Krhs Stoppenberg
Herbertshof
Herzogstr.

STOPPENBERG
SCHONNEBECK

S2·RE2·RB42 nach Gelsenkirchen

Unterstr.
105
Im Neerfeld
Frintrop
Frintroper Höhe
FRINTROP
Am Kreyenkrop
Franziskus-Haus
BEDINGRADE
Schloß Borbeck
Leimgardtsfeld
Altenberg
Germaniaplatz
101
BOCHOLD
Bocholder Str.
Bergmühle
Jahnplatz
Hamborner Str.
Bäuminghausstr.
Höltestr.
RE Essen-Borbeck Bf
Bamlerstr.
Universität Essen
Seumannstr.
Katzenbruchstr.
Am Freistein

SCHONNE-BECK
S Essen-Kray Nord Bf
FRILLEN-DORF
KRAY

RE1·RE6·RE11·RE16·RB40

Abzweig Aktienstr.
104
Heißener Str.
Fliegenbusch
Bockmühle
Röntgenstr.
Essen-Borbeck Süd Bf
Helenenstr.
Krupp HV
Rheinischer Platz
Viehofer Platz
Berliner Platz
U18
101 103 105 109

Lautstr.
Bonnemannstr.
SCHÖNE-BECK
Essen-Frohnhausen
Kronenberg
Sälzerstr.
Essen-West
Hirschlandplatz
Porscheplatz
Hollestr.
Wasserturm
Schwanenbuschstr.
Dinnendahlstr.
S RB Essen-Kray Süd Bf
S1·S3·S9·RE1·RE6
RE11·RE14·RE16·RB40
STEELE
FREISEBRUCH

104 nach Mülheim Hauptfriedhof
S1·S3·RE1·RE2·RE6·RE11
FROHNHAUSEN
Frohnhausen Breilsort
109
Onckenstr.
Kieler Str.
Am Riehlpark
Gervinusstr.
Alfred-Krupp-Schule
S1·S3·S9·RE1·RE2
RE6·RE11·RE14
Aalto-Theater
Kronprinzenstr.
Wörthstr.
Parkfriedhof
Knappschafts-Krhs
Stadtgarten
Essen-Steele
103 109
Essen-Steele Ost
Essen-Eiberg

S1·S3·RE1
RE2·RE6·RE11
nach Mülheim an der Ruhr
Rhein-Ruhr-Zentrum
Rosendeller Str.
Eichbaum
Heißen Kirche
Mülheim Hauptbahnhof
U18
Von-Bock-Str.
Gracht
Christianstr.
Mühlenfeld
Breslauer Str.
Wickenburgstr.
Hobeisenbrücke
Rubensstr.
Halbe Höhe
Laubenweg
Planckstr.
Holsterhauser Platz
Gemarkenplatz
Klinikum
Landgericht
Martinstr.
U18
Philharmonie/Saalbau
Zweigertstr.
Rüttenscheider Markt
Rüttenscheider Stern
Cäcilienstr.
Essen Hbf
Bismarckstr.
Savignystr./ETEC
S U
IC EC ICE
RE RB **S B**
Moltkestr.

S Essen-Süd
Töpferstr.
Weserstr.
Zeche Ludwig
Oststr.
Schnabelstr.
Rellinghausen Rathaus
Finefraustr.
105

RÜTTEN-SCHEID
RELLINGHAUSEN
HEISINGEN

S Essen-Überruhr Bf
Essen-Horst
Ruhr
Essen-Holthausen Bf

Margarethenhöhe
U17
MARGARETHEN-HÖHE
Messe Ost/Gruga
Messe West/Süd/Gruga
U11
Florastr.
Alfredusbad
Kruppallee
Frankenstr.
Bredeney
101 107
BREDENEY
S Essen-Hügel
S Essen Stadtwald

Baldeneysee

S Essen-Kupferdreh Bf
KUPFERDREH

Essen-Werden
WERDEN
KETTWIG
Kettwig
Ruhr
Kettwig Stausee
S6 nach Ratingen/Düsseldorf

Legende

- **U18 ▭ U18** U-Bahnlinie mit Haltestelle und Endstelle
- **106 ▭ 106** Straßenbahnlinie mit Haltestelle und Endstelle
- Umsteigehaltestelle
- ← Linienverkehr nur in einer Richtung
- einzelne Fahrten
- **S** S-Bahnlinie mit Bahnhof
- KundenCenter

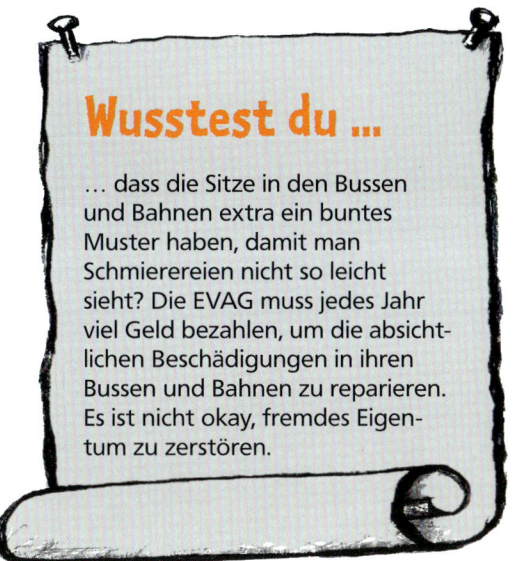

Wusstest du ...

… dass die Sitze in den Bussen und Bahnen extra ein buntes Muster haben, damit man Schmierereien nicht so leicht sieht? Die EVAG muss jedes Jahr viel Geld bezahlen, um die absichtlichen Beschädigungen in ihren Bussen und Bahnen zu reparieren. Es ist nicht okay, fremdes Eigentum zu zerstören.

Die EVAG hat sieben Straßenbahnlinien, drei U-Bahn-Linien und über 40 Buslinien. Nachts stehen die meisten Busse und Bahnen auf den Betriebshöfen an der Ruhrallee und der Beuststraße. Eine besondere Linie ist die Straßenbahn 107. Sie führt von Bredeney über

Rüttenscheid, die Innenstadt und Stoppenberg nach Gelsenkirchen. Weil an der 17 Kilometer langen Strecke über 60 kulturelle Sehenswürdigkeiten liegen, wird die 107 auch Kulturlinie genannt. Eine Fahrt dauert 45 Minuten.

In Essen gibt es drei U-Bahn-Linien

Die EVAG gehört zum **Verkehrsverbund Rhein-Ruhr** (abgekürzt: **VRR**). In allen Städten, die dem VRR angehören, gelten die gleichen Fahrkarten. Fahrkarten bekommst du am Automaten, in EVAG-Kundencentern und Vorverkaufsstellen oder beim Busfahrer. Viele Kinder und Jugendliche haben allerdings eine Monatsfahrkarte. Sie heißt: SchokoTicket.

„Ob das Schoko-Ticket wohl aus Schokolade ist?"

Willst du noch mehr wissen? Unter www.essenfuerdich.de kannst du mit Max weiterforschen und spielen.

Die Menschen in Essen

Eine Heimat für viele

Erinnerst du dich noch, wie Essen vor rund 200 Jahren ausgesehen hat? Damals war unsere große Stadt noch ein kleines Städtchen, umgeben von Feldern und Wäldern, und es lebten gerade mal 4000 Menschen hier. Heute sind es fast 600.000 Menschen, das sind 150-mal so viele! In den vergangenen 200 Jahren sind immer neue und immer mehr Menschen nach Essen und ins Ruhrgebiet gekommen. Die meisten von ihnen haben ihre Heimat verlassen, weil sie hier Arbeit fanden. Andere kamen nach dem Zweiten Weltkrieg nach Essen, weil sie gezwungen wurden, die Gegend zu verlassen, in der sie wohnten.

Bis heute gibt es jedoch auch Menschen, die aus anderen Gründen zu uns kommen. Manche werden dort, wo sie herkommen, verfolgt. Wieder andere leben in ihrer Heimat nicht gut und glauben, dass es ihrer Familie in Deutschland besser geht. Die Universität lockt außerdem viele ausländische Studentinnen und Studenten in die Stadt.

Wenn Menschen ihre Heimat verlassen und in die Ferne ziehen, nennt man das „Migration" und die Menschen **„Migranten"**. Das Wort kommt aus dem Lateinischen und heißt „Wanderer".

So gut wie jeder Mensch, der in Essen wohnt (also auch du), hat Eltern, Großeltern oder Urgroßeltern, die aus anderen Gegenden in Deutschland oder aus anderen Ländern zugewandert sind. Vielleicht bist du auch selbst noch woanders geboren und lebst nun in Essen. Und wenn nicht: Weißt du eigentlich, woher deine **Vorfahren** gekommen sind? Vielleicht ist die Antwort ganz einfach, weil deine Eltern zu Hause noch die Sprache ihrer Heimat sprechen – türkisch, polnisch, libanesisch, griechisch oder russisch zum Beispiel. Aber was ist, wenn auch schon deine Eltern und Großeltern in Essen geboren sind? Frag sie doch einfach

Rate mal!

Vorfahren sind die Menschen unserer Familie, die älter sind als wir oder vor uns gelebt haben. Wie nennt man sie auch?

a) Ahnen
b) Antiquare
c) Athleten

Lösung: Antwort a)

mal, ob sie noch wissen, woher ihre eigenen Großeltern und Urgroßeltern gekommen sind. Vielleicht erlebst du ja eine Überraschung!

Essen ist eine Heimat für viele geworden. Die meisten sind Deutsche, das ist klar. Was viele aber nicht wissen: Unter den Deutschen sind auch Kinder, die Welat, Ahmed, Sevim, Ayse oder Cengül heißen. Wenn sie hier geboren sind und ihre Eltern auch, sind sie keine Ausländer, sondern automatisch Deutsche. Erst wenn sie 18 Jahre alt sind, müssen sie sich entscheiden, ob sie Deutsche bleiben oder ob sie die Staatsangehörigkeit ihrer Vorfahren annehmen wollen. Trotzdem denken manche Deutsche, diese Kinder seien Ausländer, weil sie so anders aussehen als sie selbst. Doch da haben sie nicht Recht.

Für Menschen, die in einem anderen Land geboren sind und heute hier in Deutschland leben, gibt es ein schwieriges Wort. Man sagt: Es sind **Menschen mit Migrationshintergrund**. Zehn von 100 Essenern zählen zu diesen Menschen. Wenn man Kinder wie Welat, Ahmed, Sevim, Ayse oder Cengül mitzählt, sind es sogar 20 von 100 Essenern.

Wenn Menschen in einem anderen Land leben wollen, müssen sie viel lernen. Denn jedes Land hat seine Besonderheiten, die man kennen sollte, wenn man dort leben möchte. Man muss zum Beispiel lernen, welche Gesetze man beachten muss, wie Schulen funktionieren, wie man einen Arbeitsplatz findet oder was man in seiner Freizeit machen kann.

Das Wichtigste ist die Sprache, denn wenn du die Sprache eines Landes nicht sprichst, kannst du in der Schule nichts verstehen, du kannst nicht einmal Schilder oder Zeitungen lesen. Und vermutlich wirst du es später schwer haben, einen Beruf zu lernen oder zu studieren. Von Menschen, die viel lernen möchten, um in einem noch fremden Land zu leben, sagt man: Sie wollen sich integrieren. Das heißt so viel wie „sich eingliedern".

Das ist allerdings manchmal gar nicht so einfach, und deshalb hilft die Stadt Essen den Einwanderern und ihren Kindern dabei: In Kindergärten und Schulen können sie die deutsche Sprache lernen, und es gibt auch Kurse für erwachsene Migranten, in denen sie nicht nur mit anderen Deutsch sprechen können, sondern auch etwas über Stadt und Land erfahren und vielleicht sogar Freunde finden. Dass Essen eine Stadt ist, in der Menschen aus vielen Ländern leben, merkt man überall. Denk nur an all die griechischen oder türkischen Restaurants, an die Pizzerien und Dönerläden!

Wenn du im Norden der Stadt unterwegs bist, kann es sein, dass du häufiger auf Menschen triffst, die zugewandert sind, als im Essener Süden. Das hat viele Ursachen. Stell dir einmal vor, du würdest als deutsches Kind in eine fremde

Stadt im Ausland ziehen. Stell dir vor, in der Stadt gäbe es Viertel, wo schon viele Deutsche wohnen, vielleicht sogar Freunde oder Verwandte von dir, wo es einen deutschen Bäcker gibt und eine deutsche Kirche. Würdest du dir nicht lieber dort eine Wohnung suchen als in einem Stadtteil, in dem es das alles nicht gibt?

Genauso haben sich viele Menschen entschieden, die aus dem Ausland nach Essen gezogen sind. Ein Beispiel: Wenn ein türkischer Vater als Gastarbeiter in einer Zeche in Altenessen gearbeitet und in der Nähe gewohnt hat, dann wollten die Kinder später auch gerne dort wohnen. Und wenn diese Kinder dann wieder Kinder bekommen, wohnen sie auch da. Ganz in der Nähe sind all die Supermärkte, Vereinsheime, Imbissbuden und Gotteshäuser, die die türkischstämmigen Familien gerne besuchen. Wenn an einem Ort viele Einrichtungen sind, die man im Leben braucht, sagt man: Die **Infrastruktur** ist gut.

Die Religionen

So unterschiedlich die Menschen sind, die in Essen leben, so unterschiedlich sind sie auch in ihrem Glauben. Ein anderes Wort dafür ist Religion. Deutschland ist ein christliches Land, das heißt, ein großer Teil der Menschen gehört entweder der katholischen oder der evangelischen Kirche an. In Essen gibt es etwa 220.000 katholische und 155.000 evangelische **Christen**.

Die Bibel ist das wichtigste Buch der Christen, die an Gott und Jesus Christus glauben. In den Kirchen treffen sich die Menschen zum gemeinsamen Gebet.

Über die ältesten Kirchen in der Stadt kannst du viel in den ersten Kapiteln dieses Buches nachlesen. Zu den Kirchengemeinden gehören oft auch Kindergärten, Jugendhäuser und Altenheime. Allerdings sind in den letzten Jahren viele Menschen aus der katholischen und evangelischen Kirche ausgetreten. Deswegen mussten sogar Kirchen geschlossen werden. Neben den deutschen gibt es auch fremdsprachige Kirchengemeinden, zum Beispiel die afrikanische, italienische oder kroatische Gemeinde.

Viele Menschen, die aus anderen Ländern nach Essen gekommen sind, haben eine andere Religion. Viele Türken, Libanesen oder Marokkaner zum Beispiel sind **Muslime**. Ihre Religion ist der **Islam**. Sie beten meist in einer Moschee und lesen dort aus ihrem wichtigsten Buch, dem Koran. In Essen gibt es eine große Moschee in Katernberg und viele kleine Moscheen in den Stadtteilen. Man erkennt sie nicht so leicht wie die großen Kirchen, denn es sind oft nur kleine Gebetsräume, die etwas versteckt liegen.

So wie in Essen katholische und evangelische Christen leben, gibt es bei den Muslimen ebenfalls verschiedene Glaubensrichtungen. In Essen leben sehr viele Sunniten. Eine weitere

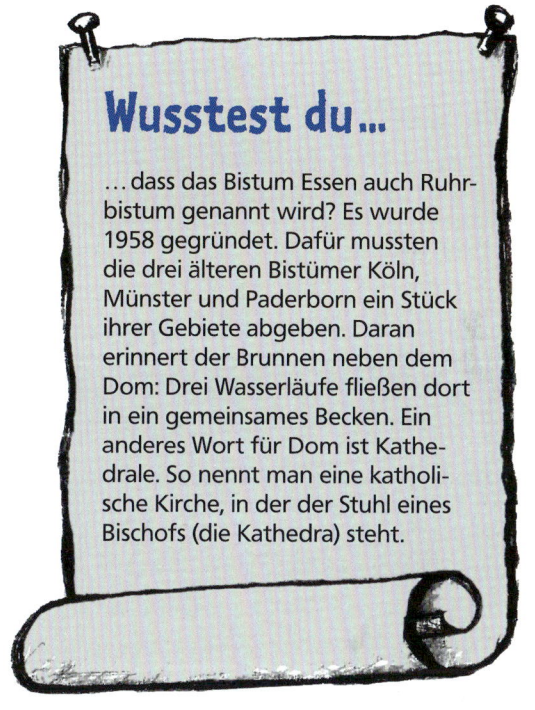

Wusstest du...

…dass das Bistum Essen auch Ruhrbistum genannt wird? Es wurde 1958 gegründet. Dafür mussten die drei älteren Bistümer Köln, Münster und Paderborn ein Stück ihrer Gebiete abgeben. Daran erinnert der Brunnen neben dem Dom: Drei Wasserläufe fließen dort in ein gemeinsames Becken. Ein anderes Wort für Dom ist Kathedrale. So nennt man eine katholische Kirche, in der der Stuhl eines Bischofs (die Kathedra) steht.

Gruppe sind die Aleviten. Sie beten nicht in einer Moschee, sondern in einem sogenannten Cemhaus.

Schließlich gibt es in Essen auch noch eine jüdische, eine buddhistische und eine hinduistische Gemeinde und eine große Gruppe derjenigen Menschen, die gar keiner Religion angehören. Man sagt, sie sind konfessionslos.

Alle Menschen in Essen dürfen frei entscheiden, ob sie einer Religion angehören wollen und wenn ja, welcher. Denn in Deutschland herrscht **Religionsfreiheit**. Deswegen kommen auch Menschen zu uns, die in anderen Ländern wegen ihrer Religion unterdrückt oder verfolgt werden.

Kunterbunt von Karnap bis Kettwig

Viele Menschen, die in Essen leben, lieben ihre Stadt. Meist lieben sie aber ganz besonders den Stadtteil, in dem sie wohnen. Hier holen sie Brötchen beim Bäcker, hier kaufen sie ein, hier gehen die Kinder zur Schule oder spielen Fußball auf dem Bolzplatz. Kurz gesagt: Hier kennen sich die Menschen gut aus.

Wusstest du...

...dass Karnap der nördlichste und Kettwig der südlichste Stadtteil von Essen ist? Burgaltendorf liegt ganz im Osten und Frintrop ganz im Westen.

Die 50 Essener Stadtteile unterscheiden sich voneinander so sehr wie etwa ein Eichhörnchen von einem Maulwurf. Es gibt große Stadtteile mit vielen Einwohnern wie Rüttenscheid, Frohnhausen oder Altendorf.

Und es gibt kleine Stadtteile, die genauso liebenswert, aber nicht ganz so bekannt sind, zum Beispiel Byfang, Fulerum oder Gerschede. Manche Stadtteile, etwa Schuir, Fischlaken oder Heidhausen, sind so ländlich, dass man kaum glauben mag, in einer Großstadt zu sein.

Dagegen spürt man in anderen Gegenden Essens deutlich, wie wichtig früher Kohle und Stahl waren. Hier hat die Industrie das Bild der Stadt geprägt. In Stoppenberg zum Beispiel sieht man schon von Weitem die vielen Gebäude und Schornsteine der ehemaligen Zeche und Kokerei Zollverein.

Jeder einzelne der 50 Stadtteile hat seine Besonderheiten. Darauf sind die Menschen, die dort leben, stolz – auch wenn bei ihnen im Viertel nicht immer alles perfekt läuft. Was gäbe es da nicht alles aufzuzählen!

In Heisingen und Kray zum Beispiel stehen schöne alte Rathäuser. Auf der Margarethenhöhe lieben die Menschen ihre Bilderbuch-Siedlung mit den sorgsam gepflegten Gärten und dem Wald rundherum. In Werden und Kettwig sehen manche Gassen noch aus wie vor langer, langer Zeit – mit Kopfsteinpflaster und Fachwerkhäusern. Und die vielen Zechensiedlungen von damals, zum Beispiel die Mathias-Stinnes-Siedlung in Karnap, wirken viel freundlicher und einladender als in früheren Zeiten.

Du bist dran!

Wie heißt der Stadtteil, in dem du wohnst? Liegt deine Schule auch dort, oder ist sie in einem anderen Stadtgebiet? In welchen Essener Stadtteilen bist du schon einmal gewesen?

Bezirk 1
Bezirk 2
Bezirk 3
Bezirk 4
Bezirk 5
Bezirk 6
Bezirk 7
Bezirk 8
Bezirk 9

Was gibt's für Kinder ...

"Ich habe mich durch alle 50 Stadtteile gebuddelt und überall etwas Spannendes für Kinder entdeckt. Es gibt aber noch viel mehr interessante Sachen. Überleg mal selbst, was du in deinem Stadtteil toll findest! Und frag auch mal andere Kinder!"

...in **Altendorf**? Neben der Gesamtschule Bockmühle liegt eins der sechs Mini-Fußballfelder, die der Deutsche Fußball-Bund gemeinsam mit der Stadt Essen angelegt hat. Auf geht's zum Kicken!

...in **Altenessen-Nord**? Mach einen Ausflug hinauf auf die Schurenbachhalde! Das ist ein 65 Meter hoher Berg. Von dort hast du eine tolle Aussicht. Wenn du Tiere magst, bist du auf der Jugendfarm richtig. Dort kannst du Kaninchen, Ziegen, Pferde und viele andere Tiere streicheln. Kinder und Jugendliche kümmern sich hier um die Pflege der Tiere.

...in **Altenessen-Süd**? Hier gibt es gleich mehrere Parks auf einmal: den Nordpark, den Kaiser-Wilhelm-Park und den Helenenpark. Platz genug also zum Radfahren, Inlineskaten, Fußballspielen oder Picknicken.

...in **Bedingrade**? Das idyllische Hexbachtal lädt zum Spazierengehen ein. Hier plätschert der schmale Hexbach dahin. Über die Wiesen galoppieren Pferde der nahen Reiterhöfe.

Zu einem Spiel von Rot-Weiss Essen kommen immer viele Zuschauer

...in **Bergeborbeck**? Im Georg-Melches-Stadion spielen die Fußballer von Rot-Weiss Essen. Komm mal vorbei und feuere sie an!

…in **Bergerhausen**? Mitten im grünen, ruhigen Siepental liegt ein großer Kinderspielplatz. Im Winter lässt es sich hier gut rodeln.

…in **Bochold**? Wusstest du, dass in diesem Stadtteil eine der größten Tennisanlagen Europas steht? In Schnupperkursen können Kinder hier die Sportart Tennis kennenlernen.

…in **Borbeck**? Der schöne Borbecker Schlosspark ist der älteste Park der Stadt. Hier steht auch die Dubois-Arena (sprich: Düboa-Arena), die ein bisschen aussieht wie ein römisches Amphitheater – ein Ort für Kinderfeste, Theateraufführungen und Konzerte.

…in **Bredeney**? Im Wildgehege im Heissiwald leben Wildschweine, Mufflons, Rotwild und Damwild. Im Herbst geben Kinder gern gesammelte Eicheln und Kastanien als Tierfutter ab.

…in **Burgaltendorf**? Spannend, diese Burgruine! Die Burg Altendorf war früher, als hier noch Ritter lebten, eine Wasserburg mit einem Graben. Tafeln erklären die verschiedenen Teile der Burganlage. Führungen gibt's auch.

Wusstest du…

…was der Unterschied zwischen Rot- und Damwild ist? Ein Damhirsch hat im Sommer ein braunes Fell mit weißen Tupfen und ein sehr großes Schaufelgeweih. Ein Rothirsch ist größer, hat ein rotbraunes Fell und ein Geweih mit spitzen Enden. Bei beiden wird das Geweih größer, je älter der Hirsch wird. Die Weibchen heißen Hirschkühe und die Jungen Hirschkälber. Hirsche darf man nicht mit Rehen verwechseln.

…in **Byfang**? Hier pflegt man den Brauch des Gänsereitens: Am Karnevalssonntag reiten Kinder auf Ponys unter einem Gerüst hin und her und versuchen, herabhängende Süßigkeiten zu ergattern und einer Stoffente den Kopf abzuziehen. Dann wetteifern die Erwachsenen darum, wer Gänsekönig wird.

…in **Dellwig**? Das Freibad Hesse liegt direkt am Rhein-Herne-Kanal. Im Sommer ist hier richtig viel los.

…in **Fischlaken**? Vom Baldeneysee mit dem Rad hinauf nach Fischlaken zu strampeln, ist nur etwas für ausdauernde Radfahrer. Oben lohnt allerdings der Ausblick auf den See. Wer lieber unten bleiben will: Am Haus Scheppen brummen und blitzen die Motorräder.

…in **Freisenbruch**? Das Bürgerhaus Oststadt organisiert Fahrten, Feste, Spiele und Wettbewerbe für Kinder und Jugendliche. Es ist ein Treffpunkt für viele Menschen.

…in **Frillendorf**? Eine Kletterwand, Klettergerüste und ein Sandkasten locken nachmittags Kinder auf den offenen Schulhof der Regenbogenschule. Hier kannst du auch Tischtennis oder Basketball spielen.

Was gibt's für Kinder ...

…in **Frintrop**? Früher trieb der Läppkes Mühlenbach eine Mühle an, später war er ein stinkender Abwasserkanal. Heute ist er wieder sauber. Kinder spielen am Ufer, bauen Dämme oder beobachten kleine Wassertiere.

…in **Frohnhausen**? Der Gervinuspark, ein ehemaliger Friedhof, ist voller großer Wiesen und alter Bäume. Hier kann man Tischtennis und Fußball spielen, rutschen, schaukeln oder einfach nur herumtollen. In Frohnhausen ist auch die Eissporthalle.

…in **Fulerum**? Auf den Wiesen rund um die Humboldtstraße treffen sich im Herbst oft Kinder, um ihren Drachen steigen zu lassen.

…in **Gerschede**? Im kleinsten Essener Stadtteil liegt der idyllische Kirchmannshof, ein Bauernhof aus dem Jahr 1778. Auf seinen Wiesen grasen Pferde, Esel und Schafe. In der Voßgätters Mühle am Pausmühlenbach treffen sich regelmäßig junge Naturschützer.

…in **Haarzopf**? Ein ganzes Stück fließt der Steinbach durch den Stadtteil, bis er an der Mülheimer Stadtgrenze in den Rumbach mündet. Zwei Teiche machen eine Wanderung entlang des Baches noch interessanter.

…in **Heidhausen?** Hier gibt es noch richtig viele Bauernhöfe. In den Hofläden kann man Fleisch, Gemüse, Milchprodukte und Eier einkaufen. Vielleicht triffst du eine Katze, die sich streicheln lässt…

…in **Heisingen**? Der Baldeneysee macht hier eine ziemliche Kurve. Die Radfahrer stört es nicht, sie genießen die Natur am See. Am Förderturm der ehemaligen Zeche Carl Funke können Kinder und Jugendliche auf einer Skater-Anlage zeigen, wie fit sie auf Inlineskates oder Skateboards sind.

…in **Holsterhausen**? Im Jugendzentrum in der Papestraße ist oft richtig viel los: Hier treffen sich Kinder und Jugendliche zum Spielen und Basteln, hier machen sie gemeinsam Sport oder Musik, hier spielen sie Theater oder tanzen in der Disco. Auch in den Ferien ist hier jeden Tag Programm. Schau mal vorbei!

…in **Horst**? Burgen sind immer einen Ausflug wert. Von der Burg Horst, die auf einem Berg liegt, kann man nach Burgaltendorf und weit ins Ruhrtal blicken.

…in **Huttrop**? Den beliebten Spielplatz Wiebeanlage nennen Kinder meist kurz und knapp „die Wiebe". Die zweigeteilte Grünanlage mit den hohen Bäumen ist schon sehr alt. Es gibt viele Spielgeräte, doch richtig Spaß macht vor allem das Klettern und Balancieren auf Baumstämmen und alten Feuerwehrschläuchen.

…in der **Innenstadt**? Kindern bietet das Grillo-Theater – das Essener Schauspielhaus – nicht nur spannende Theaterstücke. Man darf bei einer Führung auch einen Blick hinter die Bühne werfen. Nur ein paar Meter weiter steht die Lichtburg – Deutschlands größter Kinosaal. Hereinspaziert!

…in **Karnap**? Auf dem Rad am Rhein-Herne-Kanal entlang – das ist ein schöner Sonntagsausflug. Gleich hinter dem Emscherpark beginnt der Gelsenkirchener Nordsternpark.

…in **Katernberg**? Forschen, entdecken, staunen – all das ist im Phänomania Erfahrungsfeld erwünscht. In dem Erlebnismuseum kannst du deinen Kopf in einen Steinblock stecken, mit einem Geigenbogen auf einer Metallplatte spielen oder mit deiner Nase an Duftflaschen schnüffeln.

…in **Kettwig**? Ziemlich fein geht es auf Schloss Hugenpoet (sprich: Hugenpoot) zu. Das Wasserschloss aus dem Jahr 1647 ist heute ein ganz besonderes, aber auch teures Hotel. Allerdings: Einen Blick in den schönen Innenhof werfen – das ist umsonst. Wenn gerade Zeit ist, so heißt es am Hotelempfang, bekommt man sogar eine kurze Gratis-Führung.

Das Wasserschloss Hugenpoet ist heute ein Hotel

…in **Kray**? Im Volksgarten, einem großen Park mit zwei Teichen, kannst du Minigolf oder Fußball spielen, skaten, Rad fahren, grillen oder faul auf der Wiese liegen. Einmal im Jahr wird hier ein buntes Kinderfest gefeiert.

…in **Kupferdreh**? Eine Dampflokomotive kann ganz schön Dampf ablassen! Das beweist die Hespertalbahn, die an vielen Sonntagen im Jahr ganz gemächlich das Ufer des Baldeneysees entlangstampft – bis Haus Scheppen und zurück.

…in **Leithe**? Die Studio-Bühne an der Korumhöhe hat das ganze Jahr über lustige und spannende Theaterstücke für Kinder im Programm. In dem gemütlichen Theater mit der großen, roten Eingangstür spielen alle Schauspieler ehrenamtlich.

…auf der **Margarethenhöhe**? Der Halbachhammer im Nachtigallental ist ein technisches Denkmal. Er steht seit 1936 in einem schönen Fachwerkhaus. Ein Schmied zeigt, wie mit dem Hammer früher Eisen geschmiedet wurde.

Wusstest du…

…dass der Halbachhammer seinen Namen von Gustav Krupp von Bohlen und Halbach hat? Er lebte von 1870 bis 1950 und schenkte 1936 den Halbachhammer den Essenern. Gustav war der Ehemann von Bertha und der Vater von Alfried Krupp von Bohlen und Halbach.

…im **Nordviertel**? Einmal im Jahr lädt die Universität zur Kinder-Uni ein. Dann erklären Professoren Kindern im Hörsaal in einfacher Sprache, wie vieles auf der Welt funktioniert.

Was gibt's für Kinder ...

…im **Ostviertel**? Hier ist die Hauptwache der Feuerwehr. Schulklassen sind gern gesehene Gäste. Sie dürfen Kübelspritzen und Feuerwehrhelme ausprobieren und sich einen Feuerwehrwagen samt Leiter aus der Nähe angucken.

…in **Rellinghausen**? Mitten im Schellenberger Wald schlummert das Schloss Schellenberg – ein schönes Ziel für einen Waldspaziergang. Der älteste Teil des Schlosses ist fast 700 Jahre alt. Drinnen gibt es einen großen Rittersaal. Leider ist er nicht zu besichtigen, die Schlossräume sind privat vermietet.

…in **Rüttenscheid**? Hier liegt Essens schönster Park: die Gruga. Ein Park für die ganze Familie – mit großen Wiesen, bunten Blumenbeeten, mehreren Spielplätzen, Grillplätzen und Restaurants. Außerdem leben rund 500 Tiere in der Gruga – Schneeeulen, Flamingos, Ponys, Ziegen und viele mehr.

…in **Schönebeck**? Wer ist bekannter? Die Musiker des Schönebecker Jugend-Blasorchesters oder die Fußballerinnen der SG Schönebeck? Egal. Ein Konzert- oder Heimspielbesuch lohnt sich eigentlich immer.

…in **Schonnebeck**? Der Hallopark ist ein Treffpunkt für alle, die Spaziergänge (mit oder ohne Hund) lieben. Auf den großen Wiesen hört man manchmal die Jubelschreie der Sportplatz-Zuschauer gleich nebenan.

…in **Schuir**? Auf dem Rutherhof züchtet die Familie Schlieper Straußenvögel. Hier auf der Straußenfarm schlüpfen jedes Jahr viele Küken. Bei einer Führung über die Farm erfährst du mehr.

…in **Stadtwald**? Reiter kennen das Gelände des Reitvereins RSV Essen am Stadtwaldplatz gut. Hier finden viele Dressur- und Springturniere statt. Zuschauer sind immer willkommen.

…in **Steele**? Die Wiesen und der Radweg an der Ruhr sind im Sommer ideal für ein Picknick oder einen Ausflug. Das Familienfest „Ruhr in Flammen" mit seinem großen Höhenfeuerwerk lockt jedes Jahr viele Besucher an.

…in **Stoppenberg**? Wie haben die Bergleute früher Kohle gefördert? Und wozu hat man Koks benötigt? Antworten gibt's bei den Kinder- und Familienführungen in der Zeche und Kokerei Zollverein.

Mit Helm und Stirnlampe erkunden Kinder die Zeche Zollverein

…im **Südostviertel**? Das Kino Eulenspiegel zeigt neben seinem normalen Programm sonntags besondere Kinderfilme. Das Kino wurde 1955 eröffnet. Sein Spitzname ist: die „Eule".

Du bist dran!

Ein besonderes Museum ist das Ruhr Museum in der ehemaligen Zeche Zollverein. Es erzählt die spannende Geschichte des Ruhrgebiets: Aus welchen Pflanzen und wie entstand die Kohle? Welche Spuren haben die Germanen und Römer hier hinterlassen? Was gibt es noch zu sehen aus der Zeit der Ritter und Burgen? Wie sieht die Welt „unter Tage" aus? Was ist typisch für Land und Leute im Ruhrgebiet? Mit der Thementasche „Rätsel-Reise Ruhrmuseum" können Familien das Museum auf eigene Faust erkunden. Ein Forschertagebuch gibt's dazu.

…im **Südviertel**? Hier gibt es viel Hörens- und Sehenswertes: Zum Beispiel die „Konzerte für junge Leute" im Aalto-Theater. Oder die Konzertreihe „Philharmonie für Kinder". Oder die Kinderführungen im Museum Folkwang. Ganz in der Nähe steht ein Wahrzeichen der Stadt: der RWE-Turm. Zwischen März bis Oktober darf man einmal im Monat hinauf und den Ausblick genießen. Es lohnt sich.

…in **Überruhr-Hinsel**? Wenn du einen Hund hast, kannst du ihn auf der Wiese an der Antropstraße unbesorgt rennen und spielen lassen. An der eingezäunten Hundewiese gibt es auch Bellobeutel. Das sind kleine Plastiktüten, mit denen man Hundehaufen entsorgen kann.

…in **Überruhr-Holthausen**? Am Förderturm der ehemaligen Zeche Heinrich kommt man gut zur Ruhr hinunter. Dort hält auch die S-Bahn. Am Ufer der Ruhr kannst du Rad fahren oder Inline skaten. Den Bolzplatz am Eskenshof nennen manche Kinder auch den „Affenkäfig".

…in **Vogelheim**? Im Jugendhof Vogelheim können Kinder nicht nur mittags essen und Hausaufgaben machen, sondern auch kochen, backen, töpfern, nähen oder in der Kinderdisco tanzen.

…in **Werden**? Eine kleine Brücke führt auf die Brehminsel, eine grüne Insel in der Ruhr. Auf „der Brehm" gibt's einen Spielplatz mit Seilbahn, große Spielwiesen und gleich nebenan einen Tretbootverleih.

…im **Westviertel**? Wer bei schönem Wetter auf dem Rasen vor der Folkwang Musikschule sitzt, hört Geigen-, Klavier- und Trompetentöne aus den offenen Fenstern. Bei kleinen Konzerten zeigen die jungen Musiker regelmäßig, was sie gelernt haben.

Die Folkwang Musikschule

Den blauen Steinen auf der Spur

Es gibt einen besonderen Weg in der Stadt – den **Kulturpfad**. Alle paar Meter ist zwischen dem Museum Folkwang und der Marktkirche ein kleines blaues Quadrat in den Boden eingelassen. 300 Quadrate, die nachts leuchten, sind es insgesamt. Am Kulturpfad liegen Theater, Museen und andere kulturelle Orte. Er ist vier Kilometer lang. Trotzdem zeigt er nur einen kleinen Teil der Kultur in Essen. Es gibt hier so viel Kultur, dass man gar nicht alles aufzählen kann. Deswegen hat Essen zusammen mit dem ganzen Ruhrgebiet den Titel „**Kulturhauptstadt Europas 2010**" bekommen.

Im Aalto-Theater kannst du dir Opern- oder Ballettaufführungen ansehen

Die Theater

Essen hat viele Theater, doch das **Aalto-Theater** ist das berühmteste unter ihnen. Es ist nicht nur das Opernhaus der Stadt, sondern auch die Bühne für die Balletttänzerinnen und -tänzer. Der finnische Architekt Alvar Aalto hat das Gebäude schon 1959 geplant. Gebaut wurde es aber erst 1988, und zwar im Stadtgarten nahe dem Hauptbahnhof. Viele Menschen sagen, es sei der schönste deutsche Theaterneubau nach dem Zweiten Weltkrieg. Für seine Aufführungen hat das Aalto-Theater schon viele Preise bekommen.

Das **Grillo-Theater** ist eins der ältesten Theater im Ruhrgebiet. Der Unternehmer Friedrich Grillo bezahlte den Bau im Jahr 1892. Heute sieht das Theater aber nicht mehr so aus wie damals, weil es im Krieg zerstört wurde.

Zum Schauspielhaus gehören auch die Bühnen Casa und Box in der Theaterpassage. Hast du hier schon mal ein Kindertheaterstück gesehen?

Wusstest du…

…dass das Wort Kultur aus dem Lateinischen stammt? Unter Kultur versteht man alles, was Menschen durch ihr Wissen und durch ihre Fähigkeiten schaffen oder geschaffen haben. So machen sie sich ihr Leben schöner.

Neben diesen beiden großen Theatern gibt es in Essen noch eine Vielzahl kleinerer Theater. Da ist zum Beispiel das **Theater Freudenhaus** in Steele, das **Stratmanns Theater** am Kennedyplatz, das **GOP Varieté** am Pferdemarkt, das **Theater im Rathaus** oder die **Studio-Bühne** in Leithe. Und das sind noch immer nicht alle Theater, es gibt noch einige mehr. Viele haben immer auch Stücke für Kinder im Programm.

Die Musik

Die Essener **Philharmonie** ist der größte Konzertsaal des Ruhrgebiets. Für das Konzerthaus wurde der im Jahr 1904 eröffnete Essener Saalbau aufwendig umgebaut. Die Philharmonie liegt direkt neben dem Aalto-Theater im Stadtgarten. Die Stadt Essen hat ein eigenes Orchester – das sind die **Essener Philharmoniker**. Sie spielen sowohl in der Philharmonie als auch im Aalto-Theater, wo sie zum Beispiel Opern und Operetten mit ihrer Musik begleiten. Bei den Essener Philharmonikern spielen 100 Musikerinnen und Musiker mit. In Essen

gibt es aber auch zwei bekannte Orchester, in denen Jugendliche musizieren: das **Essener Jugend-Symphonie-Orchester** und das **Schönebecker Jugend-Blasorchester**. Auch sie geben regelmäßige Konzerte.

Musik kann man nicht nur mit Instrumenten machen, sondern auch mit der eigenen Stimme. In Essen gibt es Tausende von Menschen, die in einem Chor singen. Sehr bekannt sind zum Beispiel der **Bachchor**, der **Domchor** oder der **Philharmonische Chor**. Auch viele Essener Kinder und Jugendliche stellen musikalisch ganz schön was auf die Beine.

In der Philharmonie geben die Essener Philharmoniker Konzerte

Rate mal!

Wie viele Plätze gibt es im großen Konzertsaal der Philharmonie?

a) 1248
b) 1655
c) 1906

Lösung: Antwort c). Dabei sind die Stehplätze mitgezählt.

Regelmäßige Auftritte haben die **Essener Domsingknaben** und der **Mädchenchor am Essener Dom**, außerdem der **Essen-Steeler Kinder- und Jugendchor** und der **Aalto-Kinder- und Jugendchor**.

Die Bildende Kunst

Wenn ein Maler ein Bild malt oder ein Bildhauer einen Steinblock bearbeitet und daraus eine Figur macht, nennt man das Bildende Kunst. In Museen werden solche Kunstwerke ausgestellt. Essen hat seit 1922 ein berühmtes Museum: das **Museum Folkwang**. Es ist ein Museum für moderne Kunst. Gezeigt werden vor allem Werke, die deutsche und französische Maler im 19. und 20. Jahrhundert gemalt haben. Dazu zählen die Franzosen Auguste Renoir, Henri Matisse und Paul Cézanne und die Deutschen August Macke, Ernst Ludwig Kirchner und Franz Marc. Das Museum Folkwang besitzt außerdem eine riesige Fotosammlung.

Diese Bilder sind von Paul Gauguin und Auguste Renoir

Ein besonderes Museum ist die **Domschatzkammer**. Was dort für Schätze ausgestellt sind, kannst du auf Seite 15 lesen. Viele der Kunstwerke sind bis heute wichtige Gegenstände für die Gottesdienste im Dom.

kannst du auf Seite 15 lesen.

Wusstest du...

... dass es in vergangenen Zeiten keine Theater, Museen oder Konzertsäle in den Städten gab? Damals war es für die Menschen etwas Besonderes, wenn zum Beispiel ein Wandertheater durch die Stadt zog oder Künstler auf einem Jahrmarkt auftraten. Denn Fernseher oder Computer gab es auch noch nicht. Heute können die Menschen in Essen jeden Tag aufs Neue wählen, was sie unternehmen möchten. Ob Oper, Ballett, Schauspiel, Konzert, Ausstellung oder Kino – die Auswahl ist riesig.

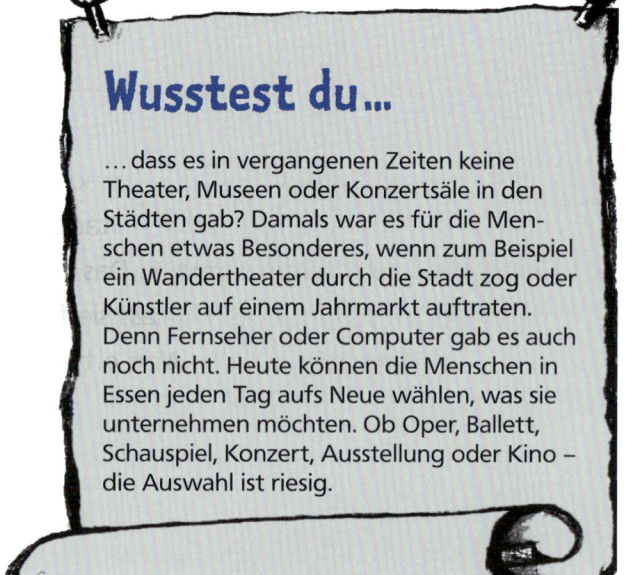

Die Domschatzkammer ist ein ganz besonderes Museum

Die **Villa Hügel**, das frühere Wohnhaus der Familie Krupp, ist seit langer Zeit ein Ort für besondere Kunstausstellungen und Konzerte. „Aber wo haben denn die Krupps dann gewohnt?", wirst du vielleicht fragen. Alfried Krupp von Bohlen und Halbach wollte nach dem Zweiten Weltkrieg nicht mehr in die Villa einziehen, sondern ließ für sich ein Haus in der Nähe bauen. Auch seine Mutter Bertha wohnte lieber woanders. Ab 1953 öffnete die Villa Hügel ihre Türen für Kunst und Kultur.

In Essen gibt es auch viele Ateliers und Galerien, in denen Künstler arbeiten und ihre Werke, zum Beispiel Bilder oder Skulpturen, ausstellen.

Die Industriekultur

Die **Zeche** und die **Kokerei Zollverein** sind ein wichtiges Industriedenkmal in der Stadt. Sie tragen den Titel „Weltkulturerbe". Das bedeutet, dass sie so wichtig sind, dass sie für immer für alle Menschen auf der Welt erhalten bleiben sollen. Die Architekten Fritz Schupp und Martin Kremmer haben die Pläne für die Gebäude der Schachtanlage XII (sprich: 12) entworfen. Dazu gehört auch der Förderturm, den man gut von der Gelsenkirchener Straße aus sieht. Heute können Besucher nicht nur erleben, wie früher in einer Zeche oder in einer Kokerei gearbeitet wurde. Auf dem Zollverein-Gelände findest du auch viele verschiedene Orte, die etwas mit Kultur zu tun haben.

Du bist dran!

Als Essener Schülerin oder Schüler bekommst du im ersten Schuljahr den Kulturpass. Mit deiner Klasse kannst du damit in den ersten sechs Schuljahren acht spannende Kultur-orte besuchen. Du hast dafür freie Fahrt mit der EVAG und zahlst wenig oder sogar gar keinen Eintritt. Bei jedem Besuch bekommst du einen Aufkleber, so wird dein Kulturpass immer bunter und steckt am Ende voller Erinnerungen!

Der Förderturm von Schacht XII gilt als Wahrzeichen von Zollverein. Rechts ist das Tanzzentrum PACT

In der ehemaligen Waschkaue, also in dem Haus, wo die Bergleute sich früher gewaschen und umgezogen haben, ist heute ein Tanz-zentrum. Es heißt **PACT Zollverein**. Ins Kessel-haus ist das **Designzentrum Nordrhein-West-falen** eingezogen und in die Kohlenwäsche das **Ruhr Museum**. Es erzählt, wie es im Ruhrgebiet

früher war und was das Besondere an der Gegend hier ist. In einer ehemaligen Maschi-nenhalle befindet sich das **Phänomania Erfahrungsfeld**. Das ist eine Ausstellung, in der du mit allen Sinnen experimentieren kannst. Industriekultur entdeckst du überall in der Stadt. Auch eine alte Krupp-Halle im Westviertel zählt dazu: Dort, wo früher Loko-motivrahmen hergestellt wurden, ist heute das Theater **Colosseum**.

Und sonst…

Zur Essener Kultur gehören noch viele andere Dinge, zum Beispiel die Kinos der Stadt – von der großen Lichtburg mit ihren 1250 Plätzen über das Cinemaxx mit seinen 16 Sälen bis zur kleinen Galerie Cinema, die es gerade mal auf 43 Sitzplätze bringt. Und mehrmals im Jahr machen sich Tausende von Menschen in Essen auf den Weg zu kulturellen **Festivals**. Besonders bekannt sind das Stadtfest „Essen Original", das „Kulturpfadfest" und die „Extra-Schicht". Für Kinder gibt's die Kinderfilmtage.

Erfolgreiche Geschäfte

Eine so große Stadt wie Essen schläft nie. Auch wenn du nachts im Bett liegst und träumst, arbeiten viele Menschen, zum Beispiel im Krankenhaus oder in Fabriken. Sie fahren Taxi oder steuern einen Nachtexpress-Bus. Doch tagsüber ist natürlich am meisten los. In Essen gibt es sehr viele verschiedene Unternehmen, die Menschen Arbeit geben. Darunter sind große Firmen wie RWE, E.ON Ruhrgas, Evonik oder ThyssenKrupp, die man auch **Konzerne** nennt. Daneben gibt es mittelgroße Firmen mit mehreren Hundert Mitarbeitern. Und es gibt viele kleine Firmen, zum Beispiel Friseure, Reisebüros, Gärtnereien oder Zooläden. Sie alle sind Teil der Wirtschaft.

Wusstest du...

…dass Essen eine Stadt ist, in die jeden Tag etwa 100.000 Menschen einpendeln? Das bedeutet, dass sie außerhalb von Essen wohnen und jeden Tag zum Arbeiten nach Essen fahren, meistens mit dem Auto. In Essen gibt es sehr, sehr viele Arbeitsplätze.

Unter dem Wort Wirtschaft kannst du dir vielleicht nicht so viel vorstellen, oder? Doch es ist ganz einfach: Alles, was Menschen herstellen, gehört zur Wirtschaft dazu. Das können Produkte sein, aber auch Dienstleistungen. Ein Klempner, der einen Wasserhahn repariert, zählt dabei genauso wie eine Verkäuferin, die in einem Supermarkt arbeitet. Beide leisten

anderen Menschen einen Dienst und bekommen dafür einen Lohn. Essen ist heute eine **Dienstleistungsstadt**. Erinnerst du dich, dass die Arbeit hier früher ganz anders aussah? Damals waren die meisten Menschen Bauern, Arbeiter oder Handwerker.

Leider ist es in Essen so wie in vielen Städten: Nicht alle Menschen, die arbeiten wollen, bekommen auch eine Arbeit. Oft sind sie nicht gut genug ausgebildet für die Arbeitsstellen, die frei sind. Etwa 30.000 Menschen in der Stadt sind arbeitslos. Weil sie keinen Lohn bekommen, aber trotzdem Geld zum Leben brauchen, zahlt der Staat ihnen Arbeitslosengeld. **Arbeitslosigkeit** führt oft dazu, dass Familien arm sind. Dann leiden auch die Kinder. Die Stadt Essen bemüht sich, den Menschen, die lange arbeitslos sind, zu helfen. Beim Unternehmen „Essener Arbeit" können sie arbeiten und gleichzeitig etwas lernen. Das ist gut, wenn sie sich danach auf eine andere Arbeitsstelle bewerben. Viele haben dann Erfolg.

„Ein paar wichtige Essener Firmen will ich dir hier vorstellen. Sie heißen ThyssenKrupp, Hochtief, RWE, E.ON Ruhrgas, Evonik, Aldi, WAZ Mediengruppe und Deichmann."

Die großen Stars

Von den 100 deutschen Unternehmen, die besonders groß und wichtig sind, haben neun ihre Zentrale in Essen.

ThyssenKrupp ist ein Technologiekonzern. Das Unternehmen ist 1999 entstanden, als sich die Firmen Thyssen und Krupp zusammenschlossen. Die Menschen, die bei ThyssenKrupp arbeiten, stellen auf der ganzen Welt Produkte aus Stahl und Edelstahl her. ThyssenKrupp baut zum Beispiel Schiffe und Aufzüge, liefert Rahmen und Bleche für Autos und produziert Bauteile für Fernseher, Computer oder Haushaltsgeräte. ThyssenKrupp baut aber auch große Industrieanlagen. Diese Fabriken stehen in vielen Ländern der Erde. Der Technologiekonzern handelt außerdem mit ganz unterschiedlichen Materialien. Von den weltweit rund 180.000 Mitarbeitern arbeitet nur ein kleiner Teil in Essen. Kennst du schon das neue ThyssenKrupp-Quartier? Es steht dort, wo früher die Krupp-Fabrikhallen waren – westlich der Innenstadt, direkt am Krupp-Park.

Hochtief ist ein Unternehmen, das auf der ganzen Welt Aufträge bekommt. Hochtief plant und baut zum Beispiel Hochhäuser, Hotels, Kraftwerke, Straßen, Brücken und Tunnel, aber auch Krankenhäuser, Altenheime oder Flughäfen. Um viele der Gebäude und Straßen kümmert sich Hochtief noch Jahre danach und bekommt dafür Geld. Das nennt man „betreiben". Die Zentrale ist am Opernplatz, gegenüber vom RWE-Turm.

RWE sorgt dafür, dass Häuser, Geschäfte, Fabriken und Büros bei uns in Essen, aber auch in vielen anderen Städten Strom haben. Elektrizität ist ein anderes Wort für Strom. RWE besitzt viele Kraftwerke, in denen Strom erzeugt wird. Von den Kraftwerken wird der Strom über Hochspannungsleitungen und Umspannwerke in die Wohnungen und Häuser der Menschen geleitet. RWE kauft, transportiert und speichert auch Erdgas. Im RWE-Konzern arbeiten 63.500 Menschen. Der RWE-Turm am Opernplatz ist an der Antennenspitze 162 Meter hoch.

Der RWE-Turm steht in der Nähe des Hauptbahnhofs

E.ON Ruhrgas ist ein großes Gasunternehmen. Es kauft in verschiedenen Ländern Erdgas ein, vor allem in Norwegen und Russland. Dort wird das Erdgas aus der Erde gepumpt und durch dicke Rohre, Pipelines (sprich: Paiplains) genannt, nach Deutschland und in andere europäische Länder geleitet. In Deutschland besitzt E.ON Ruhrgas viele unterirdische Gasspeicher. Die Stadtwerke Essen kaufen Erdgas von E.ON Ruhrgas und leiten es in die Essener Haushalte. Mit Erdgas kann man zum Beispiel kochen, heizen und Autos betanken. Die neue Zentrale von E.ON Ruhrgas steht an der Norbertstraße in Rüttenscheid.

Die neue E.ON Ruhrgas-Zentrale ist in Rüttenscheid

Evonik prägt das Bild der Innenstadt mit seiner großen Zentrale am Hauptbahnhof. Das Unternehmen stellt viele chemische Produkte her, zum Beispiel einen Stoff, der in Babywindeln dafür sorgt, dass sie Feuchtigkeit gut aufsaugen können. Evonik besitzt Steinkohlekraftwerke, in denen Strom produziert wird. Am Batterieantrieb für Elektroautos ohne Abgase arbeitet Evonik auch. Außerdem besitzt der Konzern rund 60.000 Wohnungen, die er vermietet oder auch verkauft.

Bei **Aldi** hast du bestimmt schon einmal eingekauft, oder? Aber wusstest du, dass Aldi die Abkürzung von Albrecht-Discount ist? Im Jahr 1946 übernahmen die Brüder Karl und Theo Albrecht in Schonnebeck das Lebensmittelgeschäft ihrer Mutter. Im Laufe der Zeit öffneten sie immer mehr Supermärkte. Heute ist Aldi ein sehr erfolgreiches Unternehmen, auch in vielen anderen Ländern. Die Zentrale für die Supermärkte in Norddeutschland ist in Kray.

Rate mal!

Das Wort „Discount" kommt aus dem Englischen. Was heißt es?

a) Rabatt, Preisnachlass
b) Supermarkt
c) Schnäppchen

Lösung: Antwort a). Die Supermärkte, die ihre Waren besonders preiswert anbieten, nennt man Discounter.

Die **WAZ Mediengruppe** ist ein wichtiges europäisches Medienunternehmen. Zu ihr gehören unter anderem 32 Tages- und 18 Wochenzeitungen. In Essen erscheinen die „Westdeutsche Allgemeine Zeitung" (WAZ) und die „Neue Ruhr / Neue Rhein Zeitung" (NRZ). Außerdem gibt die WAZ Mediengruppe Zeitschriften und Anzeigenblätter heraus. Sie ist an Radio- und Fernsehsendern beteiligt und betreibt das Internetportal www.DerWesten.de.

Deichmann ist der größte Schuhhändler Europas. Im Jahr 1913 öffnete Heinrich Deichmann in Borbeck eine kleine Schuhwerkstatt. Sein Sohn Heinz-Horst übernahm später das Unternehmen, das sich auf preiswerte Schuhe spezialisierte. Die Firma ist auch dafür bekannt, dass sie oft Geld für gute Zwecke spendet.

Die Deichmann-Stiftung hilft zum Beispiel Obdachlosen und Behinderten. Die Firmenzentrale steht in Schönebeck am Deichmannweg.

Zur Wirtschaft in Essen gehören sehr, sehr viele Firmen. Die Großen aus dem Bereich Energie hast du schon kennengelernt. Wegen ihnen wird Essen auch die „Stadt der Energie" genannt. Daneben gibt es besonders viele Unternehmen aus fünf anderen Wirtschaftszweigen. Welche sind das?

1. Firmen, die etwas mit Gesundheit zu tun haben. Dazu zählen zum Beispiel Krankenhäuser, Krankenkassen oder Unternehmen, die Medikamente verkaufen.

2. Firmen, die dafür sorgen, dass andere Firmen telefonieren und modernste Computerprogramme benutzen können oder eine tolle Internetseite haben. Das, was diese Firmen anbieten, nennt man Informationstechnologie, abgekürzt: IT.

3. Firmen, die etwas mit Medien und Kommunikation zu tun haben. Dazu gehören Zeitungs- und Buchverlage, die Radiosender Radio Essen und der Westdeutsche Rundfunk (WDR) sowie Werbeagenturen.

4. Firmen, in denen Menschen besonders kreativ arbeiten. Das sind zum Beispiel Architekten, Designer (sprich: Disainer), Fotografen oder Menschen, die sich Computerspiele ausdenken.

5. Firmen, die etwas für die Umwelt tun. Sie sorgen zum Beispiel dafür, dass Flüsse und Seen sauber sind, dass Abfälle recycelt (das heißt: wiederverwertet) werden und dass die Luft nicht so sehr durch Schadstoffe belastet wird.

Die Messe

Wichtig für die Wirtschaft in Essen ist auch die Messe. Die Messehallen liegen direkt neben der Gruga in Rüttenscheid. Dort finden Ausstellungen statt, bei denen Hersteller und Verkäufer bestimmte Produkte zeigen. Wenn man an der Kasse den Eintritt bezahlt hat, kann man den ganzen Tag durch die Messehallen laufen und sich all diese Produkte ansehen. Besonders beliebt sind zum Beispiel die Motor Show, bei der es um Autos und Motorräder geht, die Pferdemesse Equitana, die Internationalen Spieletage und die Fitnessmesse FIBO. Es gibt aber auch noch viele andere Messen, zu denen Besucher aus aller Welt kommen.

Zur Motor Show kommen immer besonders viele Besucher in die Messehallen

„Mensch, ist das grün hier!"

Eine Großstadt wie Essen kann ganz schön laut und unübersichtlich sein. Dort, wo viele Menschen wohnen, ist auch auf den Straßen viel los. Trotzdem hat Essen auch ganz viele wunderbar grüne und ruhige Ecken. Es werden sogar immer mehr. Das hat auch etwas mit dem Strukturwandel zu tun: Ehemalige Zechengebiete werden in Parks verwandelt und alte Bahntrassen in Fahrradwege. Erinnerst du dich, wie damals, als Essen eine Großstadt wurde, neue Grünanlagen geplant wurden? Die jungen Bäume, die man damals gepflanzt hat, sind heute über 100 Jahre alt und richtige Riesen. Viele, die mit dem Flugzeug über Essen fliegen, denken: „Mensch, ist das grün hier!"

Das meiste Grün hat Essen im Süden der Stadt. Bei schönem Wetter fahren oder laufen die Menschen zum **Baldeneysee**. Dort ist die Ruhr auf einer Länge von rund acht Kilometern aufgestaut. Rundherum liegen Wälder, Felder und Wiesen. Am See werden oft Segel- oder Ruderwettbewerbe ausgetragen. Der Rundweg um den See ist etwa 14 Kilometer lang und führt über zwei Fußgängerbrücken: von

der Brücke am Stauwehr in Werden kann man auf die Schleuse und die tieferliegende Ruhr schauen. In Kupferdreh überquert man den See auf einer ehemaligen Eisenbahnbrücke. Am See liegt auch der einzige Strand der Stadt, das „Seaside Beach Baldeney". Die Schiffe der Weißen Flotte legen zu Seerundfahrten ab. So eine Fahrt macht Spaß! Dabei fährt man auch am Förderturm der ehemaligen Zeche Carl Funke und der Heisinger Aue, einem Vogelschutzgebiet, vorbei.

Wusstest du…

…dass früher die „Hügelfähre" Menschen über den See brachte? Viele Angestellte der Villa Hügel wohnten auf der anderen Flussseite. Die Fähre brachte sie kostenlos zu ihrem Arbeitsplatz bei der Familie Krupp.

Die **Hespertalbahn**, die früher die Kohle der Zeche Pörtingssiepen in Fischlaken transportierte, ist heute eine beliebte Museumsbahn. Die Dampfloks fahren von Mai bis Oktober zweimal im Monat sonntags vom Alten Bahnhof Kupferdreh nach Haus Scheppen am Baldeneysee. Die Strecke ist 3,5 Kilometer lang.

In Essen gibt es sehr viel **Wald**. Insgesamt ist eine Fläche von 1650 Hektar mit Wald bedeckt. Das sind über 3000 Fußballfelder. Unglaublich, was? Anders als in anderen Großstädten ist der Wald auf ganz Essen verstreut und liegt

Am Baldeneysee fahren große und kleine Boote

nicht am Rand des Stadtgebiets. Zu den größten Waldgebieten zählen der Stadtwald, der Schellenberger Wald, der Kruppwald, der Heissiwald mit dem Wildgehege und der Kettwiger Stadtwald. Kleinere Waldstücke findest du in vielen Stadtteilen, zum Beispiel im Schlosspark Borbeck, an der Siedlung Bergmannsfeld in Horst oder an der Köln-Mindener Straße in Katernberg.

In Essen gibt es außergewöhnlich viele Wälder

Es ist gut, dass Essen so viele Bäume hat, denn Bäume sorgen dafür, dass Kohlendioxid in Sauerstoff umgewandelt wird. Kohlendioxid steckt zum Beispiel in Autoabgasen und in der Luft, die wir ausatmen. Die Essener Wälder sind daher sehr wichtig für die Luft und das **Klima** in der Stadt. Viele Menschen lieben den Wald aber auch, um dort – mit oder ohne Hund – spazieren zu gehen. Hier kann man auch Tiere beobachten oder den zwitschernden Vögeln lauschen – der Wald ist ein idealer Ort, um sich vom Alltagsstress zu erholen. Du glaubst gar nicht, wie viele verschiedene Tiere in den Essener Wäldern leben. Dazu zählen zum Beispiel Füchse, Dachse, Eichhörnchen, Igel, Spechte oder Waldkauze.

Du bist dran!

Mit der Kampagne (sprich: Kampanje) „Unsere Stadt. Unser Klima" setzt sich die Stadt Essen für den Schutz des Klimas ein. Ziel ist es, nicht mehr so viel Kohlendioxid zu produzieren. Alle Essener können helfen, das Klima zu schützen – auch du! Es ist zum Beispiel gut für das Klima, wenn du Energie sparst. Das kannst du, indem du – statt dich mit dem Auto fahren zu lassen – mehr läufst, Rad oder Bahn fährst. Achte auch darauf, dass du technische Geräte und Lampen ausschaltest, wenn du sie nicht mehr brauchst.

Doch nicht nur die Wälder machen Essen so grün. Fast die Hälfte der Stadtfläche ist nicht bebaut. Es gibt Parks und Friedhöfe, Kleingärten, Wiesen, Felder und Äcker. In Essen arbeiten noch viele Bauern auf ihren Höfen. Sie bauen zum Beispiel Erdbeeren, Kartoffeln oder Spargel an, züchten Schweine, Schafe oder Kühe und verkaufen viele Produkte direkt auf ihrem Hof.

Auch wenn Essen eine Großstadt ist, arbeiten hier noch viele Bauern auf ihren Feldern

Ausflüge in der Natur machen Spaß

nur ums Lernen, sondern vor allem ums Mitmachen und Entdecken.

Das Radwegenetz in Essen ist über 200 Kilometer lang. Und es kommen immer neue **Fahrradwege** hinzu. Auf dem Essener Fahrradstadtplan sind alle Strecken eingezeichnet. Zwar muss man in Essen als Radfahrer auch oft über große Straßen fahren, doch gibt es viele Strecken mitten in der Natur, zum Beispiel am Baldeneysee oder am Rhein-Herne-Kanal.

Viele Stadtteile feiern im Laufe des Jahres große **Feste**, die viele Besucher anlocken. Besonders bekannt sind das Rü-Fest in Rüttenscheid, das Krayer Kinderfest, das Ludgerus-Fest in Werden oder der Holsterhauser Herbst. Und be-

Wer eine sonnige Wiese in einem Park lieber mag als den schattigen Wald, hat in Essen eine große Auswahl. Die Stadt hat 44 **Parks**, zum Beispiel den Krayer Volksgarten, den Kaiser-Wilhelm-Park in Altenessen und den Gervinuspark in Frohnhausen. Der größte Essener Park ist die **Gruga**. Im Sommer bei schönem Wetter ist hier besonders viel los. Hier wachsen so viele verschiedene Pflanzen, dass man sie überhaupt nicht zählen kann. Es gibt zum Beispiel Rosen, Dahlien, Rhododendren, Sumpfeichen, Dattelpalmen und Orangenbäume. Auf großen Wiesen wie der Tummelwiese oder der Kranichwiese kann man Fußball spielen, auf einer Decke lesen oder picknicken.

In der Freiflughalle fliegen Vögel aus aller Welt, im Tropenhaus wachsen Pflanzen des Regenwaldes. Insgesamt leben rund 500 Tiere im Park. Zum Weltkindertags-Fest, den Greifvögel-Flugschauen und zum Herbstfest „Essen erntet" kommen immer viele Familien in die Gruga. Warst du schon einmal mit der Grugabahn unterwegs? Für Schulklassen bietet die „Schule Natur" täglich spannende Ausflüge zu den Pflanzen und Tieren der Gruga an. In diesem „grünen Klassenzimmer" geht es nicht

Das Weltkindertags-Fest in der Gruga ist besonders beliebt

stimmt kennst du den berühmten Weihnachtsmarkt in der Innenstadt und seinen „kleinen Bruder", den Weihnachtsmarkt in Steele!

Wusstest du...

...dass die Menschen früher viel weniger Freizeit hatten als heute? Noch vor 100 Jahren mussten die Arbeiter jeden Tag außer sonntags so lange schuften, dass sie abends kaum Zeit hatten, um etwas zu unternehmen. Sie waren auch viel zu müde dafür. Heute haben wir viel mehr freie Zeit. Viele Essenerinnen und Essener denken in ihrer Freizeit nicht nur an sich, sondern setzen sich ehrenamtlich für andere Menschen ein. Das heißt, sie helfen, ohne dafür Geld zu verlangen.

In ihrer Freizeit treiben viele Essener **Sport**. Überall in der Stadt verstreut liegen Sportplätze und Sporthallen, es gibt mehr als 600 Sportvereine. Die meisten Mitglieder haben die MTG Horst und der TUSEM. In Stoppenberg trainieren die Leichtathleten im Stadion Am Hallo, in Frohnhausen kann man im Eisstadion Schlittschuh laufen und in der Funbox Amalie in Altendorf treffen sich Skater und BMX-Fahrer. Die bekanntesten Fußballvereine sind Rot-Weiss Essen, ETB Schwarz-Weiß und die SG Schönebeck. Segler, Kanuten und Ruderer trainieren am Baldeneysee oder auf der Ruhr.

In den Essener Schwimmbädern ist schon morgens früh um sieben Uhr etwas los. In Essen gibt es viele **Hallen- und Freibäder**. Jeden Tag bieten die Bäder viele Kurse an: Babys plantschen mit ihren Müttern im Wasser, Grund-

schüler lernen schwimmen und Erwachsene machen Aquagymnastik. Im Schwimmzentrum Rüttenscheid trainieren auch die Leistungssportler der SG Essen. Und im Sommer ist das Grugabad mit seinem Wellenbecken besonders beliebt. Kinder und Jugendliche verbringen ihre Freizeit aber nicht nur in Sportvereinen, sondern treffen sich auch in den Kirchengemeinden und Jugendhäusern der Stadt.

Liest du gerne? Dann kennst du bestimmt die Essener **Stadtbibliothek**, oder? In der Zentrale nahe dem Hauptbahnhof und in den 15 Stadtteilbibliotheken kannst du nicht nur Bücher, sondern auch CDs, DVDs, Hörbücher, Spiele und Noten ausleihen. Kinder bis elf Jahre müssen für die Ausleihe nichts bezahlen.

Wenn du Schlösser und Burgen spannend findest, kannst du in Essen abenteuerliche Ausflüge machen, zum Beispiel zur Ruine Isenburg im Schellenberger Wald oder zur Burgruine in Burgaltendorf. In Essen stehen außerdem fünf Schlösser. Hättest du das gedacht? Dazu gehören das Schloss Hugenpoet in Kettwig und das Schloss Borbeck.

Die Ruine Isenburg ist ein abenteuerlicher Ort

Kinder in Essen

Ganz viele kleine Könige

In Essen sind Kinder König!*

In Essen leben rund 56.000 Familien mit Kindern. Die Stadt Essen will eine kinder- und familienfreundliche Stadt sein, deswegen gibt es viele verschiedene Angebote für Familien. Hast du schon einmal die Sätze „In Essen sind Kinder König" oder „Essen. Großstadt für Kinder" gehört oder gelesen? Vielen Menschen sind diese Sätze sehr wichtig. Sie kümmern sich darum, dass Kinder in Essen sicher und gesund leben können und sich zu Hause fühlen. Alle Kinder sollen die gleichen Chancen haben, etwas zu lernen, damit sie später einen Beruf finden, der ihnen Spaß macht. Kurz gesagt: Kinder sollen sich in Essen wohlfühlen und glücklich sein.

Nicht alles klappt bis heute perfekt. Es gibt noch manches zu tun, denn in Essen leben leider nicht nur Kinder, denen es gut geht, sondern auch viele arme Kinder. Familien mit wenig Geld können sich manche Dinge nicht leisten, die für andere selbstverständlich sind. Die Kinder können dann zum Beispiel nicht in einen Sportverein gehen oder Nachhilfeunterricht nehmen, weil die Eltern das Geld dafür nicht bezahlen können. Wenn das Geld fehlt, ist es auch schwieriger, gute und gesunde Lebensmittel zu kaufen, weil sie zu teuer sind.

Die Kindergärten

In Essen gibt es rund 240 Kindertagesstätten. Sie werden auch Kita oder Kindergarten genannt. In einer Kindertagesstätte haben Kinder viel Spaß und lernen auch einiges. Sie finden Freunde, und wenn sie noch nicht so gut deutsch sprechen, lernen sie die deutsche Sprache besser kennen. In immer mehr Kindergärten spielen behinderte und nicht behinderte Kinder gemeinsam.

In vielen Kindergärten haben behinderte und nicht behinderte Kinder gemeinsam Spaß.

Wenn ein Kind drei Jahre alt ist, muss es einen Kindergartenplatz bekommen, wenn die Eltern das wollen. Für jüngere Kinder unter drei Jahren gibt es auch Plätze in Kindertagesstätten, aber nicht genug. Das stört zum Beispiel Mütter, die gerne einige Zeit nach der Geburt wieder arbeiten wollen. Sie wünschen sich, dass ihr Kind betreut wird. Auf der anderen Seite gibt es auch einige Eltern, die ihre Kinder nicht in einen Kindergarten schicken. Sie lassen sie zu Hause, bis sie in die Schule kommen. Für einen Kindergartenplatz zahlen Eltern pro Monat einen bestimmten Beitrag, es sei denn, sie haben nur sehr wenig Geld. Dann ist der Platz kostenlos.

Die Schulen

Für die Essener Kinder und Jugendlichen gibt es fast 200 Schulen. Die erste Schule für die meisten Kinder ist die Grundschule. Davon gibt es fast 100 in der Stadt. Förderschulen nehmen diejenigen Kinder auf, die eine Behinderung haben. Nach der Grundschule wechselt man auf eine weiterführende Schule. Das kann ein Gymnasium, eine Realschule, eine Hauptschule, eine Gesamtschule oder eine Förderschule sein. Essen hat ein großes Angebot an weiterführenden Schulen. In Nordrhein-Westfalen muss jedes Kind zehn Jahre zur Schule gehen. So lange dauert die Schulpflicht. Schülerinnen und Schüler, die das Abitur machen wollen, gehen zwölf oder 13 Jahre zur Schule.

„Welche weiterführenden Schulen kennst du? Welche liegen bei dir in der Nähe?"

Die Spielplätze

Kinder spielen gerne. In einer Großstadt wie Essen gibt es draußen nur wenige Orte, wo Kinder ungestört toben können. Deswegen sind Spielplätze wichtig. In Essen gibt es mehr als 440 davon. Spielplatzpaten – meist sind es Mütter oder Väter – kümmern sich darum, dass die Spielgeräte in Ordnung sind und der Platz sauber ist. Sie achten auf die Wünsche der Kinder und organisieren zum Beispiel Spielplatzfeste.

Kinder schaukeln gerne

Der Ferienspatz und der Ferienpass

In den Ferien fliegt der „Ferienspatz" kreuz und quer durch die Stadt. Nein, der „Ferienspatz" ist kein echter Vogel! So heißt das beliebte Essener Sommerferienprogramm. Jedes Jahr gibt's rund 700 Angebote für Kinder: Ausflüge, Sportkurse, Bastelnachmittage, Zoobesuche, Zeltfreizeiten, Malkurse und vieles mehr. Mit dem „Ferienpass" kommen Kinder und Jugendliche nicht nur umsonst in die Gruga und billiger ins Schwimmbad, sondern können auch an vielen anderen Orten die Ferien genießen und dabei Geld sparen.

Mit dem „Ferienspatz" kann man zum Beispiel einen Arzt im Krankenhaus besuchen

Die Kinder- und Jugendverbände

In den meisten Stadtteilen in Essen gibt es Häuser und Räume, in denen sich Kinder und Jugendliche in ihrer Freizeit treffen können. Zum größten Teil werden dort Angebote von Organisationen gemacht, die man Jugendverbände nennt. Dazu gehören zum Beispiel die evangelische Jugend, die katholische Jugend, das Jugendwerk der Arbeiterwohlfahrt, die Falken und viele andere.

Das Projekt „Jedem Kind ein Instrument" macht Kinder mit der Musik vertraut

Die Sport Jugend Essen ist der größte Jugendverband in der Stadt. In den Kinder- und Jugendhäusern der Verbände kann man zusammen mit anderen kochen, tanzen, Musik machen, lesen, im Internet surfen, einfach nur quatschen und viel Spaß zusammen haben. Man kann mit den Jugendverbänden auch in den Urlaub fahren oder bei tollen Spiel- und Sportangeboten in den Ferien oder an Wochenenden mitmachen. In manchen dieser Häuser gibt es auch ein warmes Mittagessen und Hilfe bei den Schulaufgaben. Wenn bei dir in der Nähe so ein Haus ist, geh doch einfach mal rein und guck dir alles an.

Das Kinderbüro und die Kinderbeauftragten

Im Erdgeschoss des Rathauses ist das Kinderbüro. Die Mitarbeiter des Kinderbüros kümmern sich darum, dass die Politiker nicht vergessen, an die Kinder zu denken, wenn sie Dinge entscheiden. Das ist wichtig, weil eine große Stadt für Kinder sehr unübersichtlich und wegen des starken Verkehrs auch gefährlich sein kann.

„Du kannst dich ans Kinderbüro wenden, wenn auf dem Spielplatz Müll liegt oder ein Gerät kaputt ist. Oder wenn eine Ampel zu schnell von Grün auf Rot springt."

Im Stadtrat und in den Bezirksvertretungen der Stadtteile kümmern sich Kinderbeauftragte um die Wünsche und Ideen von Jungen und Mädchen.

Das Kinderforum

Schulklassen und andere Kindergruppen, die einmal sehen wollen, wie Politik funktioniert, können beim Kinderforum mitmachen. Sie überlegen sich vorher, was sie in ihrem Stadtteil stört und was sie verändern wollen, und treffen sich dann mit einem Ratsherrn oder einer Ratsfrau. Im Ratssaal sprechen sie gemeinsam über ihre Idee und überlegen, wie sie klappen könnte.

Kinder haben viele gute Ideen

Manchmal dürfen Kinder sogar richtig aktiv mithelfen. Ein Beispiel: Schülerinnen und Schüler der Ardeyschule und der Albert-Einstein-Realschule haben in einem Experiment Verkehrsplaner beraten, die die Frankenstraße in Rellinghausen umgestalten wollten.

Die Kinderstiftung

In Essen leben viele Bürgerinnen und Bürger, die sich aktiv für Kinder einsetzen. Seit vielen Jahren gibt es die Aktion „Essen. Großstadt für Kinder", aus der 2006 die „Kinderstiftung Essen" hervorging. Sie sammelt Geld und spendet es an viele unterschiedliche Projekte, die Kindern nützen. Dahinter steckt der Gedanke, dass Kinder für die Zukunft sehr wichtig sind. Sie sind schließlich die Erwachsenen von morgen. Die Kinderstiftung lädt zum Beispiel Schulklassen ein, einen Vormittag lang eine Firma zu besuchen, um zu gucken, wie und wo die Erwachsenen arbeiten. Sie will Kinder auch für Kunst und Kultur begeistern. Und sie berät all diejenigen, die Häuser, Straßen und Plätze planen und bauen, damit sie auf Dinge achten, die Kindern gefallen.

Die Familienkarte

Beim Aalto-Sommerfest ist immer richtig viel los

Ein Besuch beim Friseur oder im Kino, ein Abendessen im Restaurant oder ein Einkauf in der Apotheke – alles kostet Geld. Mit der Familienkarte kostet es nicht ganz so viel, denn mit der kleinen Plastikkarte erhält man in vielen Geschäften einen Rabatt. Du kommst mit deiner Familie auch preiswerter ins Grugabad oder in die Domschatzkammer. Alle Familien in Essen, die mindestens ein Kind unter 18 Jahren haben, bekommen die kostenlose Familienkarte.

Jedes Kind hat Rechte

Auch wenn Kinder klein und noch lange keine Erwachsenen sind, haben sie Rechte. Kinder dürfen zum Beispiel keine Nachteile haben, wenn sie eine andere Hautfarbe oder eine andere Religion haben als andere Kinder. Sie haben ein Recht zu spielen und ein Recht, etwas zu lernen. Außerdem haben sie ein Recht darauf, gesund aufzuwachsen. Erwachsene dürfen Kinder nicht schlagen oder schlecht behandeln.

Wenn du einmal Hilfe brauchst, weil du schlecht behandelt worden bist, kannst du den Kinderschutzbund anrufen. Die Telefonnummer ist: 20 20 12. Das Essener Jugendnotruftelefon hat die Nummer 26 50 50. Beide Telefonnummern sind rund um die Uhr erreichbar. Aber denk dran: Du darfst sie nicht aus Spaß anrufen.

Du bist dran!

Essen bietet viel für Kinder. Das kannst du auch auf anderen Seiten dieses Buches nachlesen. Denk nur an die Kinderführungen, die du überall machen kannst. Zum Beispiel im Museum Folkwang, bei der EVAG, auf Zollverein oder in den Theatern der Stadt. Hast du Lust?

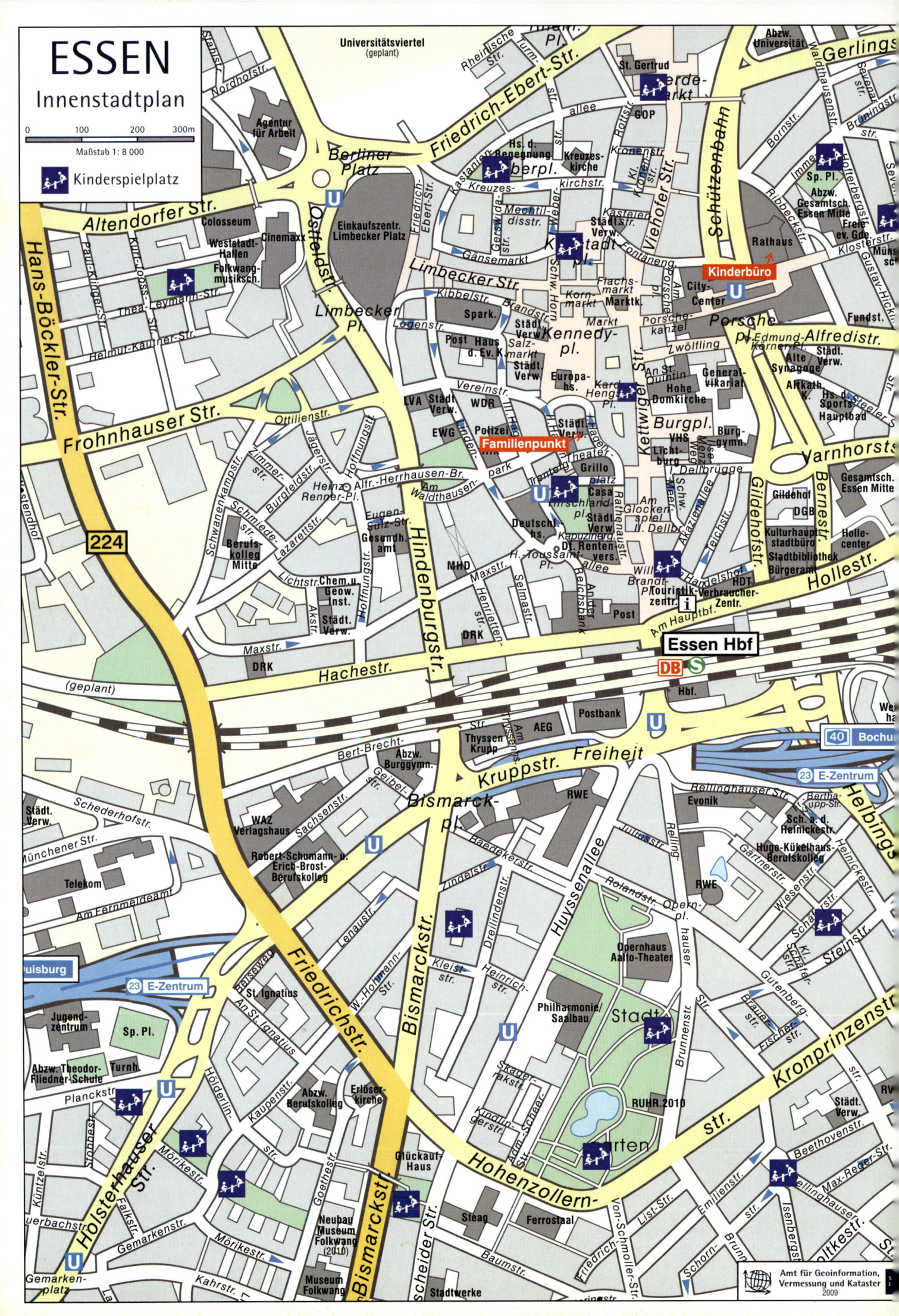

Ein paar Extras zum Schluss

Zeittafel

799	gründet Missionar Liudger in Werden ein Benediktinerkloster mit Kirche an der Stelle der heutigen Basilika Sankt Ludgerus
um 852	gründet Altfrid, der spätere Bischof von Hildesheim, ein Frauenstift auf dem Gebiet seines Besitzes Astnide; Gerswid wird die erste Äbtissin
870	wird die Münsterkirche fertiggestellt
946	brennt die Münsterkirche ab und wird anschließend wiederaufgebaut
ab 971	regiert Äbtissin Mathilde, die dem Domschatz wertvolle Stücke schenkt
ab 1039	ist Äbtissin Theophanu im Amt, wie Mathilde eine Kaiserenkelin
1041	verleiht König Heinrich III. Essen das Marktrecht
ab dem 13. Jh.	dürfen sich die Äbtissinnen Reichsfürstinnen nennen
ab 1244	bekommt Essen eine Stadtmauer
1563	wird die Marktkirche und mit ihr die Stadt evangelisch
1629	flieht die Äbtissin wegen des Dreißigjährigen Krieges nach Köln
1738	erscheint die erste Zeitung in Essen
1765	lässt Äbtissin Franziska Christine ein Waisenhaus in Steele errichten
1802	fallen die Stifte Essen und Werden an Preußen und werden aufgelöst
1809	baut Franz Dinnendahl die erste Dampfmaschine im Ruhrgebiet
1812	gründet Friedrich Krupp die erste deutsche Gussstahlfabrik
1826	übernimmt Alfred Krupp als 14-Jähriger die Firma seines Vaters
1847	hält zum ersten Mal ein Zug der Köln-Mindener Eisenbahn in Altenessen
1852	erfindet Alfred Krupp den nahtlosen Radreifen für die Eisenbahn
1872	zieht die Familie Krupp in die neu erbaute Villa Hügel
1892	wird das Grillo-Theater eingeweiht
1896	zählt Essen den 100.000sten Einwohner und ist nun Großstadt
1898	baut RWE sein erstes Kraftwerk neben die Zeche Victoria Mathias
1906	stiftet Margarethe Krupp die Wohnsiedlung Margarethenhöhe

1912	kommt Kaiser Wilhelm II. zur 100-Jahr-Feier der Firma Krupp
1913	wird die Synagoge am Steeler Tor gebaut
1922	kauft die Stadt Essen die Kunstsammlung von Karl Ernst Osthaus und eröffnet das Museum Folkwang
1925	wird der Flughafen Essen/Mülheim in Betrieb genommen
1927	wird die Folkwang Hochschule gegründet
1929	werden zwölf Ortschaften rund um die Stadt, von Karnap bis Kupferdreh, eingemeindet; der Grugapark wird angelegt
1933	ist der Baldeneysee fertiggestellt
1938	brennt die Synagoge ab; Nationalsozialisten haben sie angezündet
1943	bombardieren britische Flugzeuge in der Nacht zum 6. März die Stadt
1945	ist die Innenstadt am Ende des Zweiten Weltkrieges fast völlig zerstört
1946	wird Gustav Heinemann Oberbürgermeister
1955	wird Rot-Weiss Essen Deutscher Fußball-Meister
1958	wird das Bistum Essen errichtet – Franz Hengsbach ist der erste Bischof; die Bergbaukrise beginnt; viele Zechen müssen schließen
1965	ist die Gruga Bundesgartenschau und wird zu diesem Anlass erweitert
1967	übernimmt die Alfried Krupp von Bohlen und Halbach-Stiftung das gesamte Vermögen der Familie Kruppp
1972	bekommt Essen eine Universität/Gesamthochschule
1975	wird Kettwig eingemeindet
1979	ist das neue Rathaus fertig
1986	wird die Zeche Zollverein als letzte Zeche in Essen stillgelegt
1988	wird das neue Opernhaus, das Aalto-Theater, eröffnet
2010	sind Essen und das Ruhrgebiet Kulturhauptstadt Europas; das neue Museum Folkwang und das Ruhr Museum öffnen

Der Geschichte auf der Spur

Stadtdetektive unterwegs

Willst du Detektiv spielen und den Stadtkern von Essen erforschen? Dann kopiere diese Doppelseite, steck die Zettel und einen Stift in die Tasche und mach dich mit Freunden oder mit deiner Familie auf den Weg zum Burgplatz in der Innenstadt. Trag deine Antworten auf die Fragen in die Kästchen ein. Aus den Kästchen mit den Zahlen ergibt sich ein Lösungssatz.

1. Du stehst auf dem Burgplatz. In der Ecke links neben dem Eingang zur Domschatzkammer steht ein Denkmal für den Gründer des Frauenstifts. Wie heißt er?

__ __ □ __ __ □ __ __ __ __
　　　5　　　13

2. Was hält er in der Hand?

Eine __ __ __ __ __ __ □
　　　　　　　　　　　　24

3. Lauf rechts an der Domschatzkammer vorbei um die Ecke. Dort steht das Haus des Bischofs. Hoch über dem Eingang siehst du eine goldene Figur des Künstlers Ewald Mataré. Was für eine Figur ist es?

Ein __ __ __ □ __ __
　　　　　　　3

4. An der Tür des Bischofshauses hängt ein goldenes Bild, auf dem rechts die erste Essener Äbtissin zu sehen ist. Welcher Name steht unter ihrem Bild?

St. __ □ __ __ __ □ __ __
　　　21　　　　　22

5. Geh um die Ecke zurück zum Seiteneingang des Doms. Schau auf die Torflügel. Auf ihnen erkennst du die Beschützer des Stifts – zwei Männer und eine Frau mit Kind. Wie heißen sie? Eine Tafel links an der Außenwand erklärt es.

Die Männer heißen __ □ __ __ __ □ __ und
　　　　　　　　　　　6　　　　　　7
□ __ __ __ __ __
10

Die Frau heißt __ __ __ □ __
　　　　　　　　　　15

6. Durchquere den Vorhof und geh durch die linke Glastür in den Dom. Bitte sei dabei leise, denn die Kirche ist ein Ort des stillen Gebets. Wenn du den linken Gang immer geradeaus gehst, kommst du zur Goldenen Madonna. Wie wird sie auch genannt? Du findest die Antwort auf dem Steinbogen über der Goldenen Madonna.

Sie heißt HEILIGE MARIA __ __ __ __ __ __ □
　　　　　　　　　　　　　　　　　　　　　12

VOM __ __ □ __ __ __ __ □ __ .
　　　　　29　　　　　　27

7. Geh den Gang wieder zurück. Hinten in der Mitte steht ein berühmter Kerzenleuchter, den Äbtissin Mathilde gestiftet hat. Wie viele Kerzen hat er?

□ __ __ __ __ __
25

8. Durch eine Seitentür kommst du in den Kreuzgang des Doms. Du kannst ihn auch durch die Gasse St. Quintin erreichen. Im Kreuzgang kannst du an der Wand auf der linken Seite alle Namen der Äbtissinnen lesen. Geh bis zum Ende der Wand. Auf dem letzten Stück stehen die Bischöfe von Essen. Wer war von 1958 bis 1991 Bischof?

__ __ __ □ __ __
　　　　1
__ __ __ □ __ __
　　　　16

9. Geh hinaus aus dem Kreuzgang und weiter zur Kettwiger Straße. Lauf rechts hinunter bis zur Marktkirche. Dort siehst du das Denkmal eines berühmten Esseners. Wie heißt er?

__ __ __ □ __ __ __ □ __ __
　　　　　20　　　　　8

10. Die Stadt Essen hat das Denkmal im Jahr 1889 aufgestellt. Was hat sie auf die Rückseite des Denkmals schreiben lassen?

— — — — — ☐ — — — — — ☐ — — —
　　　　　19　　　　　　　23

— — — — — — — — ☐ — — —
　　　　　　　　　　28

11. Du stehst jetzt genau da, wo früher der Marktplatz der Stadt Essen war. Die Marktkirche war früher viel größer und hatte einen hohen Turm. Geh links um die Kirche herum und lies die Tafel an der Kirchenmauer. Wodurch wurde die Kirche am 5. März 1943 zerstört?
Durch einen

— — — — — ☐ — — — — — — ☐ — —
　　　　　　11　　　　　　　　　2

12. Gegenüber der Kirche steht die älteste Apotheke Essens aus dem Jahr 1619. Über dem Eingang an der Ecke hängt ein goldenes Fabelwesen. Was ist es?

Ein · — — — — — ☐ — ☐ —
　　　　　　　　14　　9

13. Lauf ein Stück weiter zum Kennedyplatz und überquere ihn. Das rote Haus auf dem Platz, in dem heute das Stratmanns Theater ist, heißt Europahaus. Schau dir das Bild an der rechten Mauer an. Welches Tier lässt die Frau gerade fliegen? Es ist ein Zeichen für den Frieden – eine

☐ — — — — —
26

14. Schau nun in Richtung Dom. Auf einer Steinsäule siehst du ein goldenes Tier, das mit seinem Krähen einmal die Stadt vor Dieben gerettet hat. Das erzählt zumindest eine Sage. Welches Tier ist es?

Ein — — — ☐ —
　　　　　18

15. Lauf den Bürgersteig leicht bergauf bis zum Grillo-Theater. Diese Straße heißt I. Hagen. Sie war einmal die Stadtgrenze, als Essen noch ganz klein war. Am Theater hängt eine Gedenktafel für den

Mann, der das Theater 1892 bezahlt hat. Wie hieß er mit Vornamen?

— — — — — — — — — ☐ — — —
　　　　　　　　　　17

16. Lauf vom Grillo-Theater zur Kettwiger Straße. Geh am Kino Lichtburg vorbei zum Burgplatz. Rechts steht das hohe Denkmal eines Reiters. Er war von 1871 bis 1888 deutscher Kaiser. Wie hieß er?

— — — — ☐ — — — — — —
　　　4

Du bist jetzt wieder dort angekommen, wo die Rallye begonnen hat. Weißt du den Lösungssatz?

Lösungssatz:

☐	☐	☐	☐		☐	☐	☐		☐	☐	☐
1	2	3	4		5	6	7		8	9	10

☐	☐	☐	☐	☐	☐	☐	☐	☐
11	12	13	14	15	16	17	18	19

☐	☐	☐	☐	☐		☐	☐	☐	☐	☐
20	21	22	23	24		25	26	27	28	29

Mehr über viele Dinge, die du bei dieser Rallye gesehen hast, kannst du in diesem Buch oder im Internet nachlesen. Auf der Seite www.essenfuerdich.de kannst du diese Rallye auch ausdrucken.

Willst du etwas gewinnen?

Einmal im Monat verlost das Kinderbüro der Stadt Essen unter allen richtigen Einsendungen einen Preis. Schick den Lösungssatz auf einer Postkarte an: Stadt Essen, Kinderbüro, Stadtdetektive, Porscheplatz 1, 45127 Essen oder schreib eine E-Mail an: max@essenfuerdich.de

Die solltest du kennen!

Das sind zehn wichtige alte Gebäude in Essen. Wenn du ein Gebäude kennst oder besichtigt hast, darfst du ein Kreuz in das Kästchen machen.

Villa Hügel – Alfred Krupp ließ sie für seine Familie bauen, heute zeigt das Haus Kunstausstellungen (Bredeney)

Hotel Handelshof – das denkmalgeschützte Hotel am Hauptbahnhof trägt auf seinem Dach den berühmten Schriftzug „Essen – Die Einkaufsstadt" (Stadtmitte)

Krupp-Stammhaus – hier lebte Friedrich Krupp mit seiner Familie (Westviertel)

Alte Synagoge – sie war bis 1938 das jüdische „Haus der Versammlung" und ist nun Haus der jüdischen Kultur (Stadtmitte)

Schloss Borbeck – schon die Äbtissinnen wussten zu schätzen, wie schön das Schloss gelegen ist (Borbeck)

Grillo-Theater – das Schauspielhaus der Stadt, eins der ältesten Theater im Ruhrgebiet, zeigt auch Theaterstücke für Kinder (Stadtmitte)

Abteiresidenz Werden – dort, wo früher Mönche lebten, lernen heute Studenten der Folkwang Hochschule (Werden)

Fürstin-Franziska-Christine-Stiftung – das Waisenhaus des Frauenstifts mit seiner schönen Kapelle ist heute ein Kinderheim (Steele)

Zeche und Kokerei Zollverein – die stillgelegte letzte Zeche Essens trägt den Titel Weltkulturerbe und lockt viele Besucher an (Stoppenberg)

Schloss Hugenpoet – das luxuriöse Hotel steht an der Stelle, wo früher die Hugen (Kröten) in ihrer Poet (Pfütze) saßen (Kettwig)

Das sind zehn wichtige neuere Gebäude in Essen. Wenn du ein Gebäude kennst oder besichtigt hast, darfst du ein Kreuz in das Kästchen machen.

Rathaus – mit 106 Metern ist es eins der höchsten Rathäuser Deutschlands (Stadtmitte)

☒

RWE-Turm – die Hauptverwaltung von RWE mit ihrer rot-weißen Antenne sieht man schon von Weitem. (Südviertel)

☐

Aalto-Theater – im Opernhaus gibt's Opern, Operetten und Ballettstücke, aber auch Konzerte für Kinder (Südviertel)

☒

Philharmonie – im Konzerthaus geben die Essener Philharmoniker und viele andere Musiker Konzerte (Südviertel)

☒

Museum Folkwang – hier kann man berühmte Gemälde und Skulpturen bewundern; die Sammlung des Museums ist etwas ganz Besonderes (Südviertel)

☒

Grugahalle – die Bässe dröhnen, wenn hier Pop- und Rockstars auftreten; die große Veranstaltungshalle hat Platz für bis zu 10.000 Menschen (Rüttenscheid)

☒

Einkaufszentrum Limbecker Platz – 200 Geschäfte unter einem Dach – an der Stelle, wo ganz früher das Limbecker Tor stand (Stadtmitte)

☒

ThyssenKrupp-Zentrale – die neue Hauptverwaltung steht genau da, wo die Firma Krupp vor rund 200 Jahren mit der Stahlproduktion anfing (Westviertel)

☒

Hundertwasserhaus – in dem bunten Haus finden Familien aus anderen Städten ein Zuhause, deren kranke Kinder im Klinikum behandelt werden (Rüttenscheid)

☐

Universität – zur Universität Duisburg-Essen mit ihren 30.000 Studenten zählen nicht nur die Uni-Gebäude, sondern auch das Klinikum (Nordviertel/Holsterhausen)

☐

Die solltest du kennen!

Das sind zehn wichtige Gotteshäuser in Essen. Wenn du eins davon kennst oder besichtigt hast, darfst du ein Kreuz in das Kästchen machen.

Dom – hier in der Münsterkirche beteten schon im Mittelalter die Äbtissinnen und Stiftsdamen des Frauenstifts (Stadtmitte)

☒

Stiftskirche Maria in der Not – auf einem Hügel ließ Äbtissin Schwanhild diese Kirche bauen; das Taufbecken ist besonders wertvoll (Stoppenberg)

☐

Basilika St. Ludgerus – Bischof Liudger ließ sie für sein Benediktinerkloster bauen (Werden)

☐

Kirche St. Lambertus – sie war die Kirche des Frauenstifts in Rellinghausen; nur der Turm stammt noch von der alten Kirche (Rellinghausen)

☐

Luciuskirche – die älteste Pfarrkirche Deutschlands wurde vor über 1000 Jahren gebaut und gehörte zum Benediktinerkloster (Werden)

☐

Synagoge – in dem jüdischen „Haus der Versammlung" mit seiner ungewöhnlichen Kuppel stammt ein Fenstergitter aus der Alten Synagoge (Südostviertel)

☒

Marktkirche – im Mittelalter hieß sie Gertrudiskirche und war der Mittelpunkt Essens; seit dem Zweiten Weltkrieg hat sie keinen Turm mehr (Stadtmitte)

☐

Fatih Moschee – in dem islamischen Gebetshaus beten nicht nur Türken, sondern auch Marokkaner, Iraner oder Libanesen (Katernberg)

☐

Kirche St. Johann Baptist – die Nachbarkirche des Doms wird auch Anbetungskirche genannt, weil sie den ganzen Tag offen fürs Gebet ist (Stadtmitte)

☒

Kirche am Katernberger Markt – die Kirche mit den meisten Sitzplätzen in Essen hat eine ganz besondere Holzdecke (Katernberg)

☐

Das sind zehn wichtige Essener. Wenn du etwas über eine Person weißt, darfst du ein Kreuz in das Kästchen machen.

Franz Dinnendahl (Techniker, 1775-1826) – er baute die erste Dampfmaschine im Ruhrgebiet

Frida Levy (jüdische Frauenrechtlerin, 1881-1942) – sie setzte sich dafür ein, dass Frauen ein Stimmrecht bei politischen Wahlen bekamen

Gottschalk Diederich Baedeker (Verleger, 1778-1841) – er gründete den G. D. Baedeker-Verlag mit einer Druckerei und einer Buchhandlung

Gustav Heinemann (Politiker, 1899-1976) – er war Oberbürgermeister von Essen und später deutscher Bundespräsident

Alfred Krupp (Unternehmer, 1812-1887) – seine Stahlfirma machte Essen groß

Franz Hengsbach (Bischof, 1910-1991) – er leitete das 1958 gegründete Ruhrbistum 33 Jahre lang

Margarethe Krupp (Krupp-Ehefrau, 1854-1931) – sie gründete die Margarethe-Krupp-Stiftung für Wohnungsfürsorge

Helmut Rahn (Fußballer, 1929-2003) – der Spieler von Rot-Weiss Essen machte 1954 mit seinem Siegtor Deutschland zum Fußball-Weltmeister

Georg Metzendorf (Architekt, 1874-1934) – er plante die Siedlung Margarethenhöhe

Berthold Beitz (Vorsitzender der Krupp-Stiftung, geboren 1913) – er setzt sich seit Jahrzehnten für die Kultur, die Kunst, den Sport und die Wissenschaft ein

Personen- und Sachregister

Danksagung

„Essen für dich" ist ein Buch für alle Essener Kinder, an dem ich mit großer Begeisterung gearbeitet habe. Viele Menschen in dieser Stadt haben mich dabei engagiert unterstützt. Ihnen allen gilt mein Dank.

Besonders danke ich Dr. Klaus Wisotzky (Stadtarchiv), Dr. Ralf Stremmel (Historisches Archiv Krupp), Dr. Ina Germes-Dohmen (Domschatzkammer), Dr. Edna Brocke (Alte Synagoge), Angelika Wuszow (Ruhr Museum), Sr. M. Dorothea (B.M.V.-Schule), Hartwig Kersken (Universität Duisburg-Essen), Horst Zimmer (Jugendamt der Stadt Essen), dem Stadthistoriker Dr. Ernst Schmidt und der Historikerin Dr. Ute Küppers-Braun für die kritische Durchsicht der Texte.

Bedanken möchte ich mich außerdem bei Jürgen Schroer (Kinderbüro der Stadt Essen), Peter Marx (Nordis – Agentur für Kommunikation), Lutz Braun (Presse- und Kommunikationsamt der Stadt Essen), Gabriele Cwik (Schulamt der Stadt Essen) und Dorothee Schrage (Schulkultur-Service) für die engagierte und ideenreiche Zusammenarbeit. Dr. Ludger Claßen (Klartext-Verlag) danke ich für die persönliche Betreuung und viele wertvolle Hinweise.

Zudem danke ich der Designerin Anke Plettenberg sowie den Designern Dieter Sawatzki und Alexander Koutsouropoulos für ihre Kreativität und Professionalität bei der grafischen Gestaltung. Bei Klaus-Peter Prengel, Horst W. Bühne und Elke Brochhagen (Stadtbildstelle Essen) bedanke ich mich für die unkomplizierte Bereitstellung zahlreicher Fotos.

Einen ganz besonders herzlichen Dank möchte ich schließlich der RWE Rheinland Westfalen Netz AG aussprechen, die die Drucklegung des Buches großzügig finanziell förderte.

Essen, im November 2009   Katrin Martens

Bildnachweis:
Alfried Krupp von Bohlen und Halbach-Stiftung: S. 133 r. 5; Amt für Geoinformation, Vermessung und Kataster der Stadt Essen: S. 76, 101, 124; Archiv Zeche Zollverein e.V., Sammlung Dietmar Schäfer: S. 48 o.l.; Bechthold, Gerhard: Das alte Essen, Frankfurt 1975, S. 11 u.; B.M.V.-Gymnasium: S. 27 o.; Domschatzkammer: S. 11 o., 12 l., 12 r., 14, 15 (alle), 16, 19 o.r.; Essen Marketing Gesellschaft (EMG)/Peter Wieler: S. 110 r.; Entsorgungsbetriebe Essen (EBE): S. 90 u., 91; E.ON Ruhrgas: S. 114; Essener Verkehrs-AG (EVAG): S. 94; Fotoarchiv Stiftung Ruhr Museum, Willy van Heekern: S. 46, 58 r., 66 u.l.; Fürstin-Franziska-Christine-Stiftung: S. 19 o.l., 28 r., 130 r. 4; Geisler, Udo: S. 106, 116, 118 o., 118 u., 121 o., 121 u., 122 l., 122 r., 123; Getty Images: S. 67; Haniel-Archiv Duisburg-Ruhrort: S. 35 r.; Hauptstaatsarchiv Düsseldorf: S. 20; Historisches Archiv Krupp: S. 38 o.l., 39 l., 40, 41, 42 o., 43 l., 43 m., 43 r., 52, 53, 71, 130 l. 2, 133 l. 3+4; Institut für kirchengeschichtliche Forschung des Bistums Essen/Martin Engelbrecht: S. 17; JSWD Architekten, Köln, und Chaix & Morel, Paris: S. 131 r. 3; Kudling, Olaf: S. 22, 75 r., 132 l. 5, 132 r. 2+5; Limbecker Platz/ECE Projektmanagement: S. 131 r. 2; Martens, Katrin: S. 96-99 (alle); Messe Essen: S. 115; Museum Folkwang: S. 110 l., 110 m.; Museum Folkwang/Stadt Essen/Imaging Atelier: S. 131 l. 5; Regionalverband Ruhr: S. 55 u.r.; Rot-Weiss Essen: S. 102; Ruhr Museum: S. 9 m., 9 u., 14, 19 u.l., 25 l., 29 u., 32; Ruhrverband: S. 88 (Vorlage); RWE Rheinland Westfalen Netz: S. 90 o., 113, 131 l. 2; Stadtarchiv Essen: S. 26, 61, 65, 133 l. 2; Stadtarchiv Essen/Archiv Ernst Schmidt: S. 59 r., 60 r.; Stadtbildstelle Essen: S. 10, 13, 18, 23 o.l., 23 m.l., 23 r., 25 r., 27 u., 28 l., 29 o., 30, 31, 34, 36, 37 o.r., 38 u., 39 r., 42 u., 44, 47, 48 o.r., 48 u.r., 49 o.l., 49 u.l., 49 r., 50/51 (alle), 54, 55 o.l., 56 (alle), 57 o.l., 57 o., 59 l., 62 o., 62 u., 63 r., 64, 66 o.l., 66 r., 68, 69 o., 69 l., 69 u., 70, 72 o., 72 u., 73, 74 o., 74 u., 78 o., 78 u., 79, 80, 81, 83, 84, 85, 92 o., 92 u., 93, 95, 105 l., 105 r., 107, 108 o., 108 u., 109 r., 111 l., 111 m., 117 l., 117 r., 119, 120, 130 l. 1+3-5, 130 r. 1-3+5, 131 l. 1+3+4, 131 r. 1+4+5, 132 l. 1-4, 132 r. 1+3+4, 133 l. 1+5, 133 r. 2+3; Verlagsarchiv Klartext-Verlag: S. 37 u., 58 l., 60 l., 133 r. 1+4

Das Projekt „Essen für dich. Kinder entdecken ihre Stadt" wird unterstützt durch:

Die Autorin

Katrin Martens, gebürtige Essenerin, arbeitet als Redakteurin bei der Neuen Ruhr /
Neuen Rhein Zeitung (NRZ) in Essen und betreut dort die tägliche Kindernachrichtenseite
„Knuts Klartext für Kinder". Sie ist verheiratet und hat zwei Töchter.

Die Deutsche Bibliothek verzeichnet diese Publikation in der Deutschen Nationalbiblio-
grafie; detaillierte bibliografische Daten sind im Internet über http://dnb.ddb.de abrufbar.

2. Auflage Mai 2010
Idee: Kinderstiftung Essen
Herausgeber: Stadt Essen, Jugendamt, Kinderbüro
Konzept und Koordination: Nordis – Agentur für Kommunikation und Kinderbüro Essen
Layout: Anke Plettenberg, Alexander Koutsouropoulos
Illustrationen und Titelbild: Dieter Sawatzki
Umschlaginnenseiten: Amt für Geoinformation, Vermessung und Kataster der Stadt Essen
Druck: Himmer, Augsburg

© Klartext Verlag, Essen 2009   ISBN 978-3-8375-0156-8

www.klartext-verlag.de

Essen - Kartenausschnitt von 1893